Las Predicciones de los Profetas

¿Por qué no ha regresado Jesús?

Una nueva e impactante teoría

Stanley J. St. Clair, B.R.E., A.S.L., K.T.J.

—————————�֍—————————

Prólogo por
Jacqueline De Berry, D.Min., M.Div., B.S.

Manuscrito original editado por
Genevieve Abalos, A.S.W

Manuscrito final editado profesionalmente por
Michele Doucette, M. Ed.

Traducción por Maria Alvarez Vint
Estudios Hispános Avanzados
Universidad Complutense de Madrid

Predicciones de los profetas: ¿por qué no ha regresado Jesús?

ISBN 978-1-947514-18-8

Impreso en los Estados Unidos de América y el Reino Unido

St. Clair Publicaciones
P. O. Box 726
Mc Minnville, TN 37111—0726

http://stclairpublications.com

Diseño de portada de Kent Grey—Hesselbein Design Studio

www.kghdesignstudio.com

Tabla de contenido

Dedicación

Este libro se dedica amorosamente a la memoria de mi querido Padre, Marvin Woodrow St. Clair (3-15-1919 – 10-6-1980) con motivo de los 100 ° años de su nacimiento. Un hombre bueno y honorable, que sacrificó mucho por el bien de su familia, fue un ávido discípulo de las santas escrituras y un padre amoroso. Llevado demasiado pronto, sigue vivo en mi memoria, con la más querida esperanza de una reunión en la próxima vida.

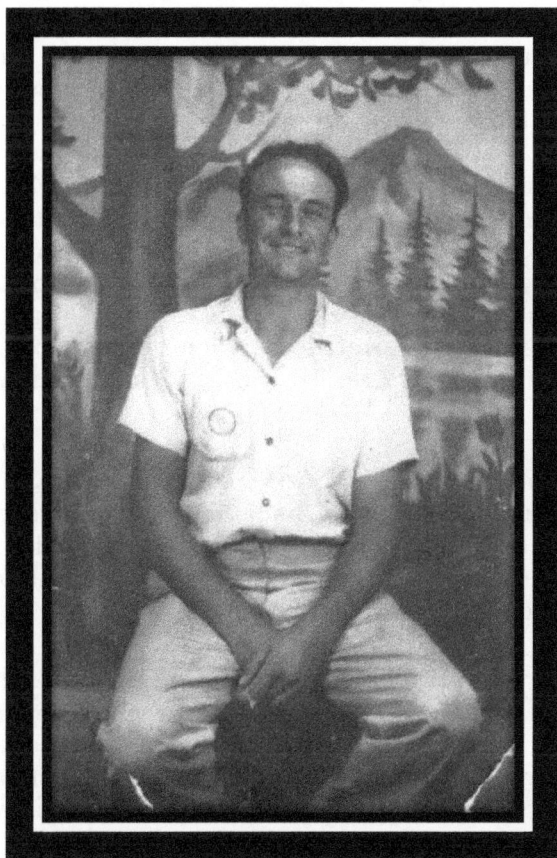

En 2007, después de haber completado mi manuscrito para *Oraciones de Los profetas, los caballeros y los Reyes* el año anterior (Trafford Editorial, Victoria, Columbia Británica, Canadá. 2006), sentí que había arrojado una gran cantidad de información religiosa comparada, con muy poco de mis propios sentimientos.

Mis raíces estaban profundas en el fervor religioso del cinturón bíblico en el sur de los Estados Unidos. Fui criado en un hogar que tenía una fe sólida en Cristo y en los valores cristianos. De joven me había sentido llamado al servicio de Dios, y asistí a la Universidad y a Seminario, pasando un tiempo en la obra misional, y tenía un programa semanal llamado *El evangelio del Reino* en tres emisoras de radio simultáneamente a principios de la década de 1970, una de las cuales era una potente emisora FM en Chattanooga. El matrimonio problemático y el divorcio me alejaron de Esto, y me mantuvo preguntándome si había escogido correctamente. Construí una carrera en Marketing de seguros, pero completo mi Licenciatura en educación religiosa, conservé mi fe y permanecí activo en la iglesia y en el Ministerio de enseñanza.

La participación y el estudio de varias doctrinas cristianas me enseñaron que aunque había muchas opiniones de la escritura, cada grupo sintió que su creencia era la correcta. Esto me molestó, especialmente con aquellos que vieron el suyo como el único camino verdadero.

La religión comparada se convirtió en un tema candente conmigo, y yo hice mi negocio para saber cómo un grupo creía, y por qué. Un tema delicado para mí ha sido durante mucho tiempo escatología, del griego ἔσχατον (éskhaton), lo que significa último, más *Logía*, la doctrina de las cosas finales.

Cuando me involucré con la Asociación del clan Sinclair en 2001, lo hice con el deseo de descubrir quiénes eran estas personas, y era muy escéptico de su intención. Había leído informes negativos sobre los Sinclair, y los caballeros templarios, con los que a menudo se asocian.

Con el tiempo, me volví absorto con toda la escena escocesa, y el auténtico placer que los clanes derivan de la preservación de su patrimonio. Empecé a encontrar una variedad de razones por las que la gente se involucra en la genealogía; algunos, la música, y muchos, la fascinante historia de su familia.

Después de aceptar un puesto como Comisionado, me familiaricé personalmente con los líderes internacionales, como Lord Malcolm, Conde de Caithness, y su pariente, Niven Sinclair, Esq., un empresario londinense muy exitoso, ahora fallecido, que había sido entrevistado en varios especiales de televisión en relación con las especulaciones planteadas en el Best-seller fugitivo de Dan Brown, *El código da Vinci*, que fue llevada a la gran pantalla en mayo, 2006 por Ron Howard, y protagonizada por Tom Hanks.

A principios de 2005, debido al proyecto de ADN Sinclair/St. Clair, que yo era pionero con mi primo lejano, Steve St. Clair, un ejecutivo de Nueva York a (que más tarde era un invitado habitual en el programa de televisión, *America Unearthed*, organizada por Scott Wolter, que también se había convertido en un amigo mío, después de reunirse con él en una conferencia en Halifax, Nueva Escocia), fui contactado por el canal nacional geográfico para una posible entrevista para la serie de Spencer Wells, *Busca a Adan*, en un segmento que se titulará, *Misterios del ADN*. Por varias razones, el segmento fue cortado, y nunca fue filmado.

En 2003, después de una cuidadosa investigación, había acordado ser nombrado caballero por la *Soberana orden militar del templo de Jerusalén*, una moderna fraternidad cristiana ecuménica de Los caballeros templarios, no afiliado a los Francmasones. Por motivos personales, he permanecido inactivo en las actividades de la orden.

Una de las principales razones de mi implicación con la Asociación de clanes Sinclair fue el aspecto de la genealogía. En mi investigación, he encontrado que sin duda, tengo varias líneas que conducen de nuevo a las casas reales de Europa.

Mi círculo de amigos y contactos personales continuó la seta, incluyendo numerosos investigadores, científicos de renombre mundial, autores, políticos en el escalón superior de varios países, profesores, nativos americanos primeros líderes de la familia, y de alto rango miembros de — Sociedades secretas. |

Leí diversos libros, y vi varios especiales de televisión, sobre La posibilidad del matrimonio de Jesús con María Magdalena, y la dinastía dijo que había surgido de ellos. Obras como Margaret Solkærs *La mujer con el frasco de alabastro: María Magdalena y el Santo Grial* (ISBN 1-879181-03-7, Bear and Co., 1993), ofreció argumentos convincentes. Curiosamente, las fuentes están en desacuerdo en cuanto a si la-sagrada familia | tenía uno o más hijos, e incluso varían en cuanto al nombre, o nombres que se les había dado. Si estas historias son verdaderas, yo sería un descendiente de este linaje a través de líneas que no sean mi linaje masculino directo. Esta afirmación me asustaba. Las implicaciones de esta doctrina parecían conducir a predicciones del líder mundial conocido en las enseñanzas cristianas como el anticristo. ' Me volví tan conectado con aquellos que promueven este punto de vista que incluso escribí un artículo para la publicación británica, *El templo*. Ya sea intencional o no, cuando fue publicado, mi redacción fue ligeramente alterada para que parezca que estaba en un 100% de acuerdo con la creencia.

Como resultado de mi gran interés en la escatología, y en los escritos proféticos en general, empecé a penetrar profundamente en estas profecías. Muchas de las ideas en que llegué a creer que eran creíbles no eran nuevas, pero desarrollé una nueva teoría, que a mi entender, nunca, antes o después de la redacción de mi manuscrito original, se declaró. No sintiendo que el resultado final de mi trabajo fue algo que pude revelar cómodamente en ese momento, lo archivé y me Reinvente como autor, haciendo alrededor de diez años de investigación de las expresiones utilizadas en todos los días Inglés y sus orígenes. Este esfuerzo, *Los orígenes más completos de clichés, proverbios y expresiones figurativas*, fue muy exitoso, obteniendo muchos elogios de los que conocen el tema.

Hace poco saqué el manuscrito de mi profecía y le permití a mi pastor, la doctora Jacqueline de Berry, leerlo. Sintió que era hora de ponerlo ante el mundo. El resultado final se registra en este libro, escrito originalmente por mí en 2007. He dejado ese texto tan intacto como sea posible, añadiendo sólo las actualizaciones aplicables, ayudados por la aguda perspicacia de mi pastor. El escenario se construye a una conclusión climática.

Prepárense para sorprenderse.

Prólogo: Rev. Dr. Jacqueline De Berry

Es cierto que la historia a menudo se repite. También es cierto que, a lo largo de los siglos, la gente se ha preguntado e intentó entender los escritos escatológicos, la parusía y la literatura apocalíptica sólo para frustrarse. La mayoría de la gente permite que estos temas de extrema importancia se asienten en algún lugar dentro de sí mismos y su interés en tan silenciosamente desaparece. Ellos renuncian al estudio. Las personas que, en un momento, se quemaron con la pasión de entender tales asuntos, a menudo permiten que las preguntas y los desacuerdos sobre la teología causen un incendio, ardiente por el Espíritu Santo para convertirse en una brasa que se desvanece. Cerraron los libros y dijeron, — es demasiado duro. ‖ Estoy muy agradecido de que Stan St. Clair no ha hecho eso.

En las últimas décadas, a menudo he dicho, — vivimos en un tiempo diferente a cualquier otro. Vivimos en una época de convergencia. Con eso quiero decir que varios eventos están sucediendo a una velocidad récord. Las profecías bíblicas se están cumpliendo a un ritmo acelerado. Durante años, he estudiado tales asuntos, escrito sobre ellos, predicado y enseñado. Uno tiene que poder vincular las cosas de hoy a la profecía bíblica para ver el panorama general. Ha sido mi experiencia que pocas personas saben cómo hacer esto.

Hay una gran imagen y pocos lo consiguen. Stan St. Clair lo consigue!

Si bien no soy un Pronosticador de la fecha, ni encuentro a nuestro autor tratando de hacer tal, él trae en la novela una interpretación de los tiempos y temporadas bíblicas. Mientras repite el mandato bíblico para, — ver y ser sobrio, ‖ lo ha hecho precisamente eso. Jesús nos anima a conocer las estaciones de nuestro tiempo. — Ahora aprende una lección de la higuera, cuando sus cogollos se vuelven tiernas y sus hojas empiezan a brotar, sabes sin que te digan que el verano está cerca. Sólo así, cuando veas los eventos que he descrito comenzando a suceder, puedes saber que su regreso está muy cerca, justo en la puerta. ‖ (Mateo 24:32-33) continúa en el verso 44, — también debes estar listo todo el tiempo. Porque el hijo del hombre vendrá cuando menos se esperaba.

Debemos estar preparados y comprender esos asuntos. Estas afirmaciones de Jesús no son una licencia para olvidarse del asunto. Debemos conocer la temporada.

Pocos cristianos entienden las escrituras a la luz de una mentalidad judía. Las escrituras revelan un rey y un Mesías judíos. La Biblia nos llega de los judíos. Es imperativo que entendamos nuestra historia en su contexto si vamos a ser capaces de tener sentido de las palabras de nuestro Señor. Pocos cristianos entienden que el relato cristiano del tiempo de Jesús en la tumba antes de su resurrección no se alinee con las escrituras. Tenemos nuestro servicio de Viernes Santo y proclamamos que fue enterrado el viernes. El viernes por la noche es el comienzo del día de reposo. Luego celebramos su resurrección el domingo por la mañana. Los judíos tienen el periodo de tiempo correcto como lo explica Stan St. Clair.

Me impulsa a menudo pensar en escribir un libro sobre la — convergencia ‖ de eventos y tiempos, sabiendo que sería una gran empresa. El tal Stan St. Clair ha hecho precisamente eso. Su comprensión de las diversas disciplinas involucradas en su obra muestra que, de hecho, estudio se muestra a sí mismo como un obrero que no necesita avergonzarse. ' Sus obras representan un vasto conocimiento de la historia, el judaísmo, el cristianismo, otras religiones, los acontecimientos actuales, todos presentados con teología sana.

Su enfoque es diferente y sus conclusiones son únicas, así como novedosas. Valen la pena el tiempo y la reflexión de cualquier estudiante serio de la palabra de Dios. Soy justificada de escribir este prólogo de Stan St. Clair.

13

La doctora Jacqueline de Berry vive en McMinnville, Tennessee, donde es la Pastora de la Iglesia Presbiteriana Liberty Cumberland. Tiene una licenciatura, una maestría en divinidad, y un Doctorado del Ministerio.

Ordenada en 1981, su Ministerio ha incluido ser un pastor, una directora espiritual, la primera mujer editora de *La revista Presbiteriana de Cumberland,* y un capellán.

Un Certificado Capellán, consejera pastoral certificada por la Junta y directora espiritual, también es escritora publicada.

Ella es madre de dos hijos, así como una abuela. Su deseo más profundo es glorificar a Dios con su vida.

Capítulo Uno

La base de mi estudio

En muchas religiones, no sólo el cristianismo y el judaísmo, El fin del mundo, ' o más adecuadamente, El fin de la edad ' (griego, *aiών*, o transliterar, aión), que significa Ciclo de tiempo, ' está predicho en sus escritos sagrados. Estas religiones incluyen a los mayas, que predijeron terremotos y desastres naturales antes del final, que iba a ocurrir el 21 de diciembre de 2012, momento en el cual su Dios Supremo, Kukulcán, el equivalente a los aztecas Quetzalcóatl, iba a aparecer, trayendo paz y armonía a la tierra. Los Sioux también creen que las inundaciones y los terremotos son un signo del final, y que, en alrededor de 1995, un búfalo blanco nació, que podría ser el ternero _ Búfalo blanco, Mujer 'de su profecía que purificará el mundo, trayendo armonía y equilibrio espiritual. Algunos dicen que esto ya ha sucedido. [1] tal vez la escatología más antigua de la historia registrada se encuentra en el zoroastrismo, otra religión discutida en *Oraciones de profetas, caballeros y Reyes.* En 500 a. c., esta religión, que también cree en un juicio final de todas las almas, había desarrollado el concepto de la destrucción divina del mundo por el fuego, una creencia que se encuentra en el cristianismo. [2]

Otras religiones con creencias y profecías escatológicas incluyen el budismo, el hinduismo, el islam, e incluso la mitología nórdica y las sectas neopaganistas.

El judaísmo predice una terminación de nuestra era, seguida de un futuro liderado por el *Meshi ' Ahh,* o el Ungido, ' Cuando los verdaderos elegidos gobernarán. Según el Profeta del Islam, Mohammed Ali ibn Zubair Ali, [3] la nueva era vendrá con la llegada de El Iluminado, ' Imam, que recuerda a Buda, su venida es en un momento en que se llevará a cabo desastres naturales. En lugar de ser atrapado lejos, ' como es una enseñanza cristiana fundamentalista prevaleciente, llevada a la vanguardia por los tiempos modernos por la serie *Dejado atrás,* libros de Tim Lahaye, y las películas resultantes, en las enseñanzas de Zubair Ali, todos los creyentes serán asesinados. Sólo los incrédulos van a enfrentarse a los últimos días, que son mucho como los que dejaron atrás ‖ después de la ⸝ éxtasis. ' El ángel, Isafil, como el Ángel Gabriel judeocristiano, entonces soplará una trompeta, y la resurrección de todos los pueblos se llevará a cabo.

A la vuelta del Milenio, uno tendría que haber sido escondido bajo una piedra, ' por así decirlo, no haber sido conscientes del gran movimiento que se agitó por la variación de las sectas con respecto al final de nuestra era, y la Anunciación de uno nuevo. Aunque este tema no se discute tan abiertamente como lo fue cuando se escribió mi manuscrito original de este libro, se está debatiendo libremente en los reinos gnósticos, algo que he mantenido abierto para estar al tanto de los acontecimientos reales que anunciarán el inconfundible advenimiento abierto de la New Edad. '

La música de la nueva era comenzaría a finales de la década de 1960 y principios de los setenta con artistas como la quinta dimensión, con su número uno de éxito del 1969, *Acuario (deje que el sol brille),* y en 1971, el ex Beatle, John Lennon, con *Imaginar,* el verdadero tema de la nueva era, que contemplaba una sociedad sin Dios viviendo por el momento, y el mundo volviéndose Uno. ' Esta canción todavía se toca en Rock Suave ' o adulto contemporáneo ' estaciones que se presentan como orientación familiar ' con cierta regularidad después de más de cuatro décadas, mientras que muchas otras canciones populares de esa época se ignoran. Ese mismo año, su compañero Beatle, George Harrison, tuvo un éxito con *Mi dulce Señor* que cantaba alabanzas al señor Visnú, el Dios predominante del hinduismo. Esta música dio a una nueva generación la vislumbrar un mundo futuro, bastante cambiado, en el que el cristianismo no la Judería parte.

Aparte de las evidentes expectativas inmediatas de la iglesia primitiva del Nuevo Testamento, los movimientos proféticos comenzaron a surgir en el cristianismo tan pronto como 1843, cuando William Miller hizo la primera de varias predicciones de que el mundo terminaría en sólo unos pocos meses. [4] Miller fue el predecesor de lo que se convertiría en la Iglesia Adventista del séptimo día, Desde ese tiempo, muchos otros harían predicciones similares, todos para terminar siendo burlados por aquellos que eran escépticos de sus profecías.

En agosto de 2004, la BBC hizo una serie de transmisiones llamadas *Una breve historia del fin de todo,* con el hermano Guy Consolmagno, un jesuita Astrofísico, que — llegó a la religión a través de la ciencia y su maravilla del universo. ‖ [5] En el Observatorio Vaticano en Castel Gandolfo, Italia, comparó la cosmología de vanguardia con las predicciones antiguas chinas, griegas, budistas, medievales y victorianas del final de todo como la conocemos. El hermano Guy cree que el universo terminará, pero después empezará todo y tal vez dure para siempre.

Como he aludido anteriormente, hacia el final del último milenio, las predicciones de tiempo de finalización se convirtieron en numerosas. Parecía que las tablas de tiempo coincidían en varias religiones y el establecimiento de fechas no era infrecuente.

El sitio web religioustolerance.org, mantenido por B.A. Robinson en Ontario, Canadá, un sitio todavía en funcionamiento, se mantiene al tanto de las enseñanzas religiosas cambiantes. En 2007, enumeró veintitrés predicciones de tiempo de finalización fallidos para 1998 solo. Incluso los psíquicos eran firmes en su creencia en los eventos de tiempo final que se llevan a cabo ese año en particular.

Madame Verdue, portavoz de la Asociación Internacional de psíquicos, afirmó que el 92% de sus 120.000 miembros habían experimentado una visión de fin de tiempo. [6] Durante este tiempo, las predicciones del astrónomo psíquico francés Michel de Nostradamus fueron reatados. Él profetizó correctamente, se dice, acontecimientos históricos tan vitales como la muerte de Enrique II de Francia, incluso enviándole advertencias que no eran atendidas; el incendio londinense de 1666; y la revolución francesa. Nostradamus predijo un trío de líderes poderosos mundiales, a los que llamó — tres anticristos, ‖ que se manifestaría, trayendo terror sobre la tierra. Napoleón Bonaparte se pensó que había cumplido con los requisitos para haber sido el primero de ellos. Nostradamus también predijo una guerra final al final de nuestra era. [7] algunos vieron a Hitler en esta luz. Fue uno de los varios conquistadores dominados en posesión de la infame — lanza de Destino, ‖ aka la lanza de Longinus, que se dice que es el instrumento utilizado para perforar el lado de Jesús en su crucifixión.

Según la leyenda, la lanza había pasado por las manos de Constantino, Carlomagno y los emperadores de los Habsburgo. [8] Se afirmaba que quienquiera que poseyera la lanza gobernaría el mundo. Después de una colorida historia de la lanza que se pensó que era esta reliquia, fue transportada de Praga a Nuremberg en la primavera de 1424, donde permaneció hasta 1806. Cuando El ejército de Napoleón se acercó a Nuremberg en la primavera de 1796, se temía mucho que se apoderara de la lanza y que Bonaparte gobernaría el mundo. [9] Las leyendas de la lanza permanecen vivas hoy; mezclados con los del Santo Grial, bien pueden desempeñar un papel en los acontecimientos que conducen al final de nuestra era.

Un sitio web de Internet, *Rapture Ready*, todavía enumera 60 predicciones erróneas de fechas para el regreso de Cristo y el fin del mundo a partir de 53 AD y terminando en 2012. [10] aunque la mayoría de ellos profetizaron que el fin ocurriría en los 19TH o 20 últimos siglos, el año 1000 fue uno de ese número debido al cambio del Milenio. Todas las fases de la sociedad, los estados del sitio, parecían afectados por esta predicción.

El sitio del autor, Todd Strandberg, también señala que Sir Isaac Newton, el científico más grande de Gran Bretaña, pasó 50 años y escribió 4.500 páginas tratando de predecir cuándo iba a llegar el fin del mundo. Luego garabateó su conclusión en un trozo de papel, —2060. I

Un libro fue escrito por Edgar Whisenant Titulado *88 razones por las que el rapto está en 1988* (Sociedad de la Biblia Mundial, Nashville, TN, 1988), que se convirtió en un best-seller. Predijo la fecha de regreso de Cristo como el 11 de septiembre hasta el **13** (irónicamente **9-11** surgió exactamente **13** años más tarde, cuando las torres gemelas del World Trade Center fueron derribada por aviones terroristas. Iglesias enteras quedaron atrapadas en el fervor de la predicción de Whisenant. Aunque la burla era pequeña cuando no se pudo transpirar, parecía increíble que el mismo autor fuera con un nuevo libro que declaraba la razón ' para su error, pronosticando el próximo año como el momento adecuado.

Una de las razones dominantes para las creencias comunes para el fin del mundo, tal como la conocemos en torno al año 2000, surge de las predicciones en el Talmud, los escritos judíos concernientes a las leyes y cronologías no escritas del pueblo judío, que el estado actual de las cosas solo durará 6.000 años. [11] de acuerdo con la tradición judía, los israelíes volverán a su patria (muchos ya lo han hecho), todos sus enemigos serán derrotados, el templo será reconstruido en Jerusalén, las ofrendas de sacrificio se reanudarán (algo con lo que voy a contender un poco más tarde), los muertos se levantaran, y el Mesías aparecerá y será coronado rey de Israel. La fecha de creación aceptada Se dice que la fecha de creación   del judaísmo es el 25 de septiembre o el 29 de marzo de 3760 A.C. basado en nuestro calendario moderno. Mucha creencia cristiana fundamentalista con respecto a los tiempos finales se deriva de esta proposición.

De acuerdo con el pensamiento judío presente, el año 3006 es igual a su año 5766, a excepción de la varianza en el año judío que comienza en el mes de Nisan (marzo-abril), el fin de los días debe ocurrir en 2240. Según la creencia judía, el séptimo milenio será un tiempo de paz mundial conocido como Olam Haba (Mundo Futuro). Muchos de los cristianos eschatologistas ven esto como un error grave en su calendario, y muchos judíos también han esperado mucho al Mesías, como hemos visto desde la historia de sus expectativas, y como yo cubriré.

Otra razón para la creencia cristiana común en esta teoría es una combinación de profecías en la Biblia que apuntan a nuestro tiempo. La creencia en el séptimo milenio de ser una era de paz mundial se ha llevado a las enseñanzas cristianas. Aquí, se conoce simplemente como _ El Milenio. ' La principal diferencia permanece en la identidad del Mesías, ungido o Cristo.

En el tiempo de La vida de Jesús en la tierra, había una actitud prevaleciente de que el reinado del Mesías estaba cerca. La opresión romana estaba documentando las almas de los habitantes judíos de Judea, que estaba bajo el rey Herodes, títere de los Romanos.

Tanto en los Evangelios de Mateo (24:34) como en Lucas (21:32), Jesús hizo una declaración sorprendente que aquellos que ven su ministerio como un fracaso quieren usar para desacreditar las profecías de Cristo. En el relato de Mateo, Jesús acababa de predecir la destrucción del templo (*que tuvo lugar en 70 AD* a manos de las fuerzas de Tito, cuando Jerusalén cayó al dominio romano). Mientras estaba sentado en el Monte de los olivos, sus discípulos le preguntaron cuál era el signo de su venida y cuando sería el final del mundo. Es cierto que los discípulos, en ese momento, no entendían acerca de su muerte, ni que su reino no comenzaría en su generación. Después de un largo discurso en el que predijo estos signos, dijo: —... esta generación no pasará hasta que todas estas cosas no acontezcan. ¦ ¿Qué quería decir? Es evidente que la generación en la que vivía ha pasado desde hace mucho tiempo. ¿Se equivocó Jesús?

Es fácil explicar su declaración hecha anteriormente en el Evangelio atribuido a Mateo, en la que él dijo: — hay algunos parados aquí, que no verán la muerte, hasta que vean al hijo del hombre venir en su reino. ¦ [12] El Evangelio atribuido a

Marcos lo dice así: —... hasta que hayan visto el Reino de Dios venir con poder. ‖ 13 El cumplimiento de esta profecía simbólica se encuentra en los tres evangelios sinópticos. 14 se conoce comúnmente como La Transfiguración. ' Seis días después, se registra, Jesús se llevó a Pedro, Santiago y Juan (su círculo interior), hasta una alta montaña aparte. Y se transfiguró delante de ellos; y su rostro brillaba como el sol, y su vestimenta era blanco como la Luz. ‖ 15 Luego fue acompañado por Moisés y Elías. Las escrituras se refieren a esto como una visión del Cristo glorificado.

El vigésimo cuarto capítulo del Evangelio de Mateo contiene el relato más detallado de la predicción de Jesús en todo el Canon de la Biblia cristiana. En futuros capítulos, analizaré estas profecías una por una, para ser objetivas.

Capítulo Dos

El Mesías

Con el fin de entender por qué debemos preocuparnos por la segunda venida de Jesús, debemos establecer la validez de su afirmación como el verdadero Mesías de los judíos.

La agrupación de escritos antiguos que son llamados el Antiguo Testamento por los cristianos fue primero conocida por los judíos como el Tanaj (Tanakh), y estaban constituidos por la Torá, o libros de la ley, aka, los primeros cinco libros de Moisés; el Nivi'im, o libros de los profetas; y de la Kethuvim, o los escritos. Se considera que las profecías hablan del Mesías (hebreo *mashi'ahh*, משיח), o el ungido, se encuentran en las tres secciones.

Más de 300 profecías en el Antiguo Testamento son visto por los cristianos como predicciones mesiánicas que son cumplidas por Jesús. Muchos de ellos, como la enseñanza de que él sería un descendiente de ambos Abraham [1] (una referencia a la bendición de todos en la tierra a través de su semilla), e Isaac [2] (una referencia a los reyes de los lomos de Israel), puede parecer vaga, y se enumeran en los libros de Moisés, en lugar de los de la profecía.

Ser descendiente de Isaac también fue una referencia a la estrella de Jacob, [3][4] y un cetro saliendo de Israel. Sin embargo, esto se hace más claro cuando vemos la profecía concerniente a su descenso de Isaí. En este pasaje leemos, *1* Y SALDRA una vara del tronco de Isaí, y un vástago retoñará de sus raíces. *2* Y reposará sobre él el espíritu de Jehová; espíritu de sabiduría y de inteligencia, espíritu de consejo y de fortaleza, espíritu de conocimiento y de temor de Jehová. *3* Y haréle entender diligente en el temor de Jehová. No juzgará según la vista de sus ojos, ni argüirá por lo que oyeren sus oídos; *4* Sino que juzgará con justicia á los pobres, y argüirá con equidad por los mansos de la tierra: y herirá la tierra con la vara de su boca, y con el espíritu de sus labios matará al

22

impío. 5 Y será la justicia cinto de sus lomos, y la fidelidad ceñidor de sus riñones. I (Isaías 11:1-5) Esto, y la predicción de que él sería de la línea real de David, son aceptados como profecías mesiánicas. Tanto los judíos como los cristianos coinciden en esto, pero aparte del descenso de Isaí, los versículos anteriores aún no se han cumplido. Los cristianos fundamentalistas ven la referencia a no juzgar, después de sus propios ojos, como un significado que él recibe su autoridad del padre.

Otras escrituras mesiánicas consideradas por algunos como profecías que podrían cumplirse en otra incluyen: que él naciera en Belén, 5 y que él naciera de una Virgen; 6 oponentes afirmando que ̱virgen' aquí significa simplemente, ̱mujer joven. ' Aquellos relacionados con su venida, mientras que el templo está de pie en Jerusalén 7 8 9 10 11, muchos judíos y cristianos son los que, por igual, son proféticos de la reconstrucción del templo en los ̱últimos días. '

Sin embargo, otros pasajes de las escrituras no son tan fáciles de dejar de lado. En mi investigación; primero, descubrí que hay profecías notables relacionadas con el tiempo de su aparición que indicaría el tiempo del primer advenimiento de Jesús y de su muerte, así como las profecías que indican que un mensajero, que suena para el mundo como Juan el Bautista, anuncia su llegada. 12 13 Con razón los apóstoles dejaron a todos para seguirlo.

El Profeta Daniel proclamó:

— Se decretan 70 semanas sobre tu pueblo y sobre la ciudad Santa, para terminar la transgresión, y para hacer un fin del pecado, y para perdonar la iniquidad, y para traer la rectitud perpetua, y para sellar la visión y el Profeta, y para ungir el lugar Santísimo.

— Sepan, pues, y discernir, que, de la salida a la palabra para restaurar y edificar Jerusalén a un ungido, un príncipe, serán siete semanas; y para sesenta y dos semanas, será Construir otra vez, con un amplio lugar y foso, pero en tiempos turbulentos.

— Y después de las sesenta y dos semanas, un ungido será despojado y no más. | [14]

He utilizado deliberadamente el Tanakh (Tanaj) para estos versículos del noveno capítulo de las profecías de Daniel. Aquí se predijo el momento preciso de la muerte de Jesús. Aunque en una medida simbólica, esta profecía se verifica como literalmente 70 semanas de años. Los judíos fueron usados para calcular períodos de tiempo más cortos en años, como en el año del Jubileo, el año cincuenta después de siete años sabáticos, cuando todas las deudas fueron perdonadas, y los esclavos fueron liberados de sus obligaciones y regresaron a sus familias. Tomen como ejemplo, los 490 años — desde la salida del mundo para restaurar y edificar Jerusalén hasta un ungido, un príncipe, serán siete semanas; y para sesenta y dos semanas, será construido de nuevo, con un amplio lugar y foso, pero en tiempos problemáticos. |

En el libro profético de Nehemías [16] leemos que se dio un comando de este tipo: —... en el mes de Nisan (marzo/abril), en el vigésimo año de Artaxerxes el rey. | este fue el gran líder persa, Artajerjes Longimatus (hijo de Xerxes) que gobernó el Archamedenid Imperio del 465 al 424 A.C. [17] De la profecía anterior, restando las siete semanas, u años, como hemos visto que son, Daniel el hebreo predijo que los 483 años de la salida a la reconstrucción de Jerusalén, el Mesías sería revelado en Israel. Algunos han considerado que este es el tiempo pronosticado. Lo dudé. El resultado de esto será cubierto en el último capítulo de este libro, cuando revele mi conclusión. Después de mucho cavar, esto iba a ser una clave principal para establecer mi teoría.

Esto también fue profetizado en el Tanakh (Tanaj), [18] como lo fue su traición, [19] el precio de esta, [20] su perforación, su paliza, y ser escupido sobre; [21] su tratamiento como criminal, o transgresor, ' [22] su rechazo por su pueblo, [23] su denegación a defenderse, [24] su sufrimiento crucifixión y _ lanzar lotes ' por su manto. [25] incluso su cabalgata a Jerusalén en un burro (el potro de un asno) fue predicho. [26] muchas otras profecías también son extrañamente cumplidas en la persona de Jesús de Nazaret.

Las probabilidades son una en 84 x 10 al poder de 123 de estas profecías pequeñas cumplidas en una persona, humanamente vista. [27]

Capítulo Tres

El Reino que viene: profecías divididas

Ya que muchas profecías señalan a Jesús como el ungido de Israel, ¿por qué no cumplió toda su misión cuando vivía en la tierra hace 2.000 años? Israel tenía mucha necesidad de un líder para librarlos de la opresión romana. ¿Qué ha pasado? ¿El plan de Jesús fallaba?

De sus palabras a sus discípulos cerca del final, está claro que Jesús era profundamente consciente de su destino inmediato. También era consciente de la imagen más grande.

Los pasajes del Antiguo Testamento concernientes al Mesías tenían predicciones tanto del tiempo de Jesús en la tierra su vida y Ministerio, y su segundo advenimiento. Los rabinos judíos no pudieron ver esto, porque no había ninguna División dada en el Nivi'im o en el Kethuvim, que también contenía pasajes proféticos, particularmente en Salmos y en Daniel.

Las profecías de Salmos 2 se refieren tanto a las predicciones cumplidas como a las que aún tienen lugar.

— ¿POR qué se amotinan las gentes, Y los pueblos piensan vanidad?

— Estarán los reyes de la tierra, Y príncipes consultarán unidos Contra Jehová, y contra su ungido, diciendo: Rompamos sus coyundas, Y echemos de nosotros sus cuerdas.

— El que se sienta en el cielo se ríe, el Señor los tiene en burla.

— Entonces les hablará a ellos en su cólera, y asustarlos en su dolor de disgusto: verdaderamente soy yo el que ha establecido mi rey sobre Sion, mi Santa montaña.

— Voy a decir del Decreto: que el Señor me dijo: tú eres mi hijo, este día te he engendrado.

— Pídeme, y daré a las Naciones por tu herencia, y los confines de la tierra por tu posesión.

— Quebrantarlos has con vara de hierro: Como vaso de alfarero los desmenuzarás. . ‖ (el Tanakh [1])

Los opositores al cristianismo han asignado esto a Salomón y otros reyes. Esto no aguanta agua. La traducción de King James de *mashi'ahh* utiliza ungido en el versículo dos, ya que está indicando claramente un futuro líder. Ungido uno es la interpretación correcta de la palabra Mesías. El engendrando al Mesías, hijo (*Beni*) de Dios, ya había tenido lugar (versículo siete), pero los versículos ocho y nueve son futuristas. Todas las Naciones de la tierra algún día serán dadas al Mesías por su herencia. Este es un salmo de coronación real. Un día se cumplirá plenamente. ¿Pero Cuándo? ¿Por qué no ya?

Números, el tercer libro de la ley, incluso contiene una referencia profética aún no cumplida:

— Lo veo, pero no ahora; Yo lo contemplo, pero no en lo alto; saldrá una estrella de Jacob, y un imperio se levantará de Israel, y golpeará a través de los rincones de Moab, y descomponerla a todos los hijos de Seth. ‖ [2]

¿Pero por qué dos apariciones del Mesías? El apóstol Pablo, en su primera epístola a los Corintios, dice:

— Pero el hombre natural Recibe No **las cosas del espíritu de Dios** porque son tonterías para él: ni puede conocerlas, porque se perciben espiritualmente. ‖ [3]

El primer advenimiento de Cristo fue preparar a un pueblo para su venida final, como el León de la tribu de Judá. [4]

Jesús vio la imagen más grande, aunque su lado humano deseaba una manera de escapar. [5] Y aunque no entendían a su muerte, es bastante evidente que la banda mixta de seguidores que lo habían abandonado en su arresto creído tan fuertemente en su resurrección y venida de la realeza que mantuvieron su fe para la muerte del martirio. [6] creían que Fue de hecho, no sólo el Mesías, sino el hijo divino de YHWH. Contrariamente a aquellos que afirman que este credo fue originado por el apóstol Pablo, es cierto que los escritores de los Evangelios canónicos lo proclamaron así. [7] [8] [9] (Juan, Tomás en el Evangelio atribuido a Juan, una cita de Jesús mismo en el Evangelio de Juan) [10] (Mateo, citando a Jesús), así como el escritor de hebreos. [11] [12]

Aun así, el testimonio más milagroso de la validez de la escritura es el extraordinario cumplimiento de la profecía.

Capítulo Cuatro

Las profecías de Jesús del fin del tiempo

Al concluir el capítulo uno, prometí analizar más adelante Las predicciones de Jesús del fin de la era, que compartió con sus discípulos.

Cuando se le preguntó la señal de su venida como el Cristo en su reino, y el fin de la *aión*, o edad, Jesús contestó:

— Preste atención a que ningún hombre les engañe. Por muchos vendrán en mi nombre, diciendo que soy Cristo; y engañarán a muchos. ⏐ (**Signo número uno, falsos Mesías**)

— Y escucharán las guerras y los rumores de guerras; ver que no tengáis problemas; *por todas estas cosas* deberán llegar a pasar, pero el final no es todavía. Con motivo la nación deberá alzarse contra nación y Reino contra Reino; (**Signo número dos; numerosas guerras generalizadas**)

y habrá hambre y pestilencias, y los terremotos En diversos lugares. (**Signo número tres, desastres naturales extremos**)

— Todos estos son el comienzo de los sufrimientos. Entonces ellos te entregarán para ser afligidos, y te matarán; y serán odiados de todas las Naciones por causa de mi nombre. (**Signo número cuatro, persecución y odio a los seguidores de Jesús**)

— Y entonces muchos serán ofendidos, y se traicionarán mutuamente. Y muchos falsos profetas engañarán a muchos. Y debido a que abunda la maldad, el amor de muchos se enfriará. (**Signo número cinco, después de la calumnia de los cristianos, falsos profetas avanzarían y engañarían a multitudes; el amor de muchos se enfriará**)

— Pero el que perdure hasta el fin, el mismo será salvado (**Signo número seis, la persecución trae a los verdaderos seguidores de Cristo que eventualmente serán recompensados por su fidelidad**)

— Y este evangelio del reino será predicado en todo el mundo (griego *oikoumene"*, el mundo habitado) por un testimonio de todas las Naciones, y entonces llegará el fin. (**Signo número siete, la ' buena nueva ' del Cristo verdadero predicado en todo el mundo**)

— Cuando, por tanto, veas la abominación de la desolación de la que habla Daniel el Profeta, quédate en el lugar santo, (quien lee, déjale entender;) entonces que el que esté en Judea huyera a las montañas; que el que está en la casa no baje para tomar cualquier cosa fuera de su casa; ni dejar que el que está en el campo vuelva a tomar su ropa. (**Signo número ocho, abominación de la desolación**) [1] — ¡Ay de los que están con embarazo en esos días!

— Pero reza para que tu vuelo no sea en el invierno, ni en el día de reposo; Porque entonces será una gran tribulación, como no ha sido desde el principio del mundo hasta este momento, no, ni jamás lo será. Y a menos que esos días se acorten, no será posible que ninguna **carne se salve**; pero para el elegido esos días serán acortados. (**Signo número nueve, muerte y destrucción mundial sin precedentes; la tribulación comienza**)

— Entonces, si algún hombre os dice, aquí o *allá esta* Cristo, no se lo crean. Porque surgirán falsos Cristo y falsos profetas, y mostrarán señales y maravillas, de tal manera que, si fuera posible, engañarán a los muy elegidos. (**Signo número diez, delirio mundial, distorsión de las verdades bíblicas**)

— He aquí, te lo he dicho antes. Por tanto, si os dicen: he aquí, él está en el desierto, no os adelante; o él *está* en la cámara secreta; no creerlo.

— Porque a medida que el alumbramiento sale del Oriente, y resplandece hasta el Occidente, también será la venida del hijo del hombre.

— Para donde sea que esté el cadáver, allí se juntará las águilas,

— Inmediatamente después de la tribulación de esos días se oscurecerá el sol y la luna no dará luz, y las estrellas caerán de los aleros, y los poderes de los cielos serán sacudidos (**Signo número once, Eclipse solar seguido de una lluvia de meteoritos**)

— Y **Entonces** aparecerá el signo del hijo del hombre en el cielo; y entonces todas las tribus de la tierra lamentaran, y **entonces verán el hijo del hombre que viene** en las nubes del cielo con poder y gran gloria. (**Signo número doce, su venida es después de la tribulación y los signos celestiales**)

— Y enviará a sus ángeles con un gran sonido de trompeta, y reunirán a sus escogidos de un extremo del cielo a la otro. | 2 (**Nota: el recogimiento de los elegidos no es hasta la segunda venida**)

31

Capítulo Cinco

Signo número uno: los Mesías falsos

Recuerden que un Mesías a los pueblos judíos iba a ser un rey ungido por YHWH para salvar a Israel de su esclavitud y establecerlos como una nación independiente, como Saúl, que primero fue llamado ungido de Dios, una vez lo hizo, pero que, debido a su giro de la divinidad, perdió la dinastía antes de que comenzara, a un niño pastor llamado David. Con él, Dios estableció su linaje real para todas las edades.

Los israelitas estaban buscando un rey terrenal, nada más. Como he dicho antes, no comprendieron el panorama general. El creador es citado por el profeta Isaías diciendo: — porque mis pensamientos no son vuestros pensamientos, ni vuestros caminos mis caminos. ‖ [1] Dios está por delante de nuestros patrones de pensamiento porque él es Dios. Él es la fuente de toda vida, y el prototipo por el cual se determinan el bien y el mal. Vemos en el mundo temporal del hombre finito; Ve en el mundo eterno de Dios infinito.

Los mesías falsos comenzaron inmediatamente después de la época terrenal del ministerio de Jesús. El primera Mesías ' fue Simón bar Kobba, en el segundo siglo después de Jesús. Fue el líder de la rebelión militar judía en 132 AD en Palestina. Según Wayne Simpson de la Fundación de investigación bíblica (en parte):

— El emperador Adriano anunció que cambiaría a Jerusalén en una colonia Romana. La rebelión estalló rápidamente. Mientras que el rabino Akiba fue reconocido como un líder espiritual de esa época, no era un hombre militar y no podía llevar a los judíos a su batalla final. En este vacío de liderazgo dio a paso un líder carismático, Simón bar Kokhba [*Nota: nacido Simon Ben Koseva*], que de repente irrumpió en la escena, reuniendo apoyo para la rebelión. Akiba fue rápido a proclamar Bar Kokhba como rey mesiánico! ' Él aplicó un verso de la Biblia directamente a él a estrella, kokhab, ha surgido de Jacob ' (Ref: Numbers 24:17). así que Simon se conoció como bar Kokhba, Hijo de la Estrella. Su misión quedó clara y sancionada por la autoridad rabínica. Para una gente hambrienta de esperanza, la aprobación de Akiba fue una prueba más que suficiente de la autenticidad de bar Kokhba. Curiosamente, fue en los escritos romanos de la época, más que en los escritos judíos, que se le atribuyeron poderes milagrosos.

— Se dijo que había sido capaz de llamar a fuego a su mando.

— Sus objetivos eran claramente la libertad de su pueblo, la gloria del judaísmo y la liberación de su patria.

— Con su gran carisma y liderazgo, atrajo a guerreros judíos de todo el mundo para luchar en su batalla épica final contra el poderoso imperio romano.

— Cuando las fuerzas de bar Kokhba capturaron de nuevo a Jerusalén, hubo especulaciones salvajes de que el templo, que había sido mantenido en ruinas durante 62 años, podría ser reconstruido por este nuevo Mesías. Pero esto no iba a ser debido a la preocupación de llevar a cabo la guerra. Curiosamente, la soberanía judía permitía el acuñamiento de monedas que aparecieron con la semejanza de bar   Kokhba que lleva una olla de maná y la vara de Aarón, símbolos inconfundibles del Mesías.

— En una orden relativamente corta, más de 50 fortalezas, 985 ciudades y toda Judea, Samaria y Galilea se rindieron al bar Kokhba.

— Mientras que las consecuencias de este levantamiento fueron finalmente realizadas por el emperador, colocó las operaciones militares en manos de Julius Serverus, el comandante romano más triunfante.

— Serverus entendió que luchar contra un ejército esencialmente guerrillero en la tradición clásica sería problemático. Su estrategia era rodear a los rebeldes y asediarlos en sus fortalezas, obligándolos a inanición. Por esta Táctica uno por uno, cayeron las fortalezas judías.

— Después de un año entero bajo la embestida del poderoso ejército romano, Betar cayó y cerca de medio millón de judíos fueron masacrados.

— Esta derrota fue tan devastadora para las esperanzas mesiánicas judías que la anticipación de la futura redención se terminó por siglos. ‖ [2]

A continuación llegó Moisés de Creta, en el siglo v, entonces ningún otro hasta que David Altoy en el siglo XII comenzó una serie de Mesías esperanzadores que surgirían un mínimo de uno por siglo: Abraham Ben Samuel Abulafa (1240-1291), David Reuveni (1400-1538), Issac Luria (1534-1574), Hayyim Vital (1542-1620), Shabbatai Zevi (1826-1676), Jacob Frank (17261791), y finalmente, en nuestra generación, vendría Rebbe Menechem Mendel Schneerson (1902-1994).

Simpson nos dice:

— Se distribuyó la literatura de cuatro colores explicando que Schneerson fue objeto de deseo intenso judío:

— Si, estamos hablando del Rey Mesías que nos librará en un futuro próximo. De hecho, el líder judío establecimiento religioso del mundo de la dinastía Davidica, que trabaja para extender la influencia de la Torá y mitzvot a todo Israel, que en el futuro construirá el tercer templo y reunirá a los exiliados. Esta es la misma persona que también preparó a las Naciones del mundo para una vida de rectitud, y que unirá a la humanidad en torno a la creencia en un solo Dios. Es el Lubavitcher Rebbe...el Rey Mesías.

— En ese momento el fervor del Mesías Schneerson alcanzó su apogeo. Los rumores difundieron que iba a ser coronado King Mesías ' en el 31 de enero de 1993. Una gran multitud de partidarios júbilos se reunieron fuera de la sede de Jabad (Chabad) en Crown Heights [Brooklyn, NY] para ver si Schneerson aceptaría el manto mesiánico. Pero justo antes de la Rebbe apareció a la multitud, uno de los auxiliares anunció que su aparición no debe interpretarse como teniendo nada que ver con una coronación. — Estaba claro que, una vez más, quería distanciarse de cualquier afirmación de que él era el Mesías. Tan pronto como apareció, sus seguidores empezaron a cantar Una Larga Vida a nuestro maestro, Rebbe, el rey Mesías. Más alto y más fuerte cantaban mientras repetían este estribillo. el Rebbe, de hecho, no podía hablar. Simplemente asintió con la cabeza en el tiempo a la música. Después de unos minutos la cortina se cerró alrededor, del balcón del Rebbe y él no volvió a aparecer. Después de un par de horas, la multitud empezó a dispersarse.

— Pero unos meses más tarde, el Rebbe estaba muerto. La comunidad Lubavitcher se quedó en silencio en el choque y la incredulidad. Su líder había caído y no había ningún sucesor inmediato. En desorden, se entristeció su pérdida. La mayoría aceptó la realidad de que no podía ser el Mesías que anhelaban.

— Como sucede a menudo frente a estas expectativas escatológicas resueltas, algunos seguidores fanáticos habían expresado sus expectativas de que sus Rebbe se levantará de entre los muertos. En lugar de aceptar la desilusión repentina, continúan teniendo una fe ciega que Schneerson es el Mesías.

— ¿Cuántos otros habrá? Sólo terminará cuando el Mesías finalmente venga. | 3

De esto, es obvio que La predicción de Jesús de los mesías falsos se ha cumplido.

Capítulo Seis

Signo número dos: guerras y rumores de guerras

Las predicciones de guerras y rumores de guerras pueden parecer una profecía fácilmente predicha a los críticos del Cristo. La guerra es un factor constante en el paisaje cambiante de siempre y el gobierno del mundo.

Pero las profecías de Jesús están encajando en un período de tiempo, o secuencias de acontecimientos, cuando la guerra sería abrumadora, e Israel estaría en el centro de los conflictos. Hasta 1948, durante muchos siglos, no había nación conocida como Israel. Hay quienes ven esto como otras naciones que cumplen las profecías de Israel, compuestas por miembros de las tribus perdidas. ' La conquista de Europa por Guillermo de Normandía y la subsiguiente propagación del cristianismo son ciertamente factores en la alineación de las Naciones de tal manera que las profecías de Jesús están sucediendo hoy ante nuestros ojos; también la propagación del Islam y las interminables batallas sobre la tierra que ahora conocemos como Israel, ha colocado a Oriente Medio en el centro de las luchas mundiales en nuestros días.

Antes de 9-11 (2001), nadie habría soñado con terroristas golpeando a los Estados Unidos por aviones de alto nivel y volándolos a las torres gemelas en el World Trade Center en Manhattan. Inicialmente escribí estas palabras en 2007, y sin embargo, incluso en la actualidad, el conflicto se acerca en el Medio Oriente con Estados Unidos y un enemigo difícil de definir: el terrorismo basado en el extremismo radical, en lugar de simplemente el Islam versus el judaísmo, o los descendientes de Ismael y Los otros hijos de Abraham, contra los de Isaac. Estos radicales ven a los Estados Unidos en la misma luz que Israel; nos ven como sionistas, como sus aliados, y por esto, un enemigo de su causa.

Esta alineación es la situación a la que Jesús se refería en Mateo 24:6.

36

Antes de que hubiera una nación llamada Israel, durante los días de cautiverio y dispersión, las profecías no pudieron tener su lugar. Sólo comenzando en 1948, con la aceptación de Israel por las principales potencias mundiales, podrían estas predicciones comenzar a revelar en un modelo definido. El siglo XX ha sido retratado como _El siglo de guerra_ " en un documental de 26 partes de la televisión británica por ese título lanzado en 1993. [1] Justo antes de Israel se convirtio en una nación, un foco principal en la segunda guerra mundial fue el Holocausto; Exterminio nazi de millones de judíos en campos de exterminio inimaginables, y la severa negación de los derechos civiles, no sólo de los judíos, sino de cualquiera que simpatizaba con su causa. De las cenizas de su profunda vergüenza llegó la victoria de la independencia.

En El día de Jesús, miró hacia abajo en el tiempo y predijo los crecientes conflictos de nuestros días. — La nación se levantará contra la nación y el reino contra reino. ‖ Esta es una imagen clara del mundo en el que vivimos. Más que nunca, esto parece ser un hecho, y con nuestros medios modernos, somos demasiado conscientes de las atrocidades de la guerra en todo el mundo. En el siglo XXI, como nunca antes, Israel está en el corazón del conflicto mundial.

Capítulo Siete

Signo número tres: desastres naturales extremos

Desde el gran diluvio hasta el fuego del cielo ‖ que destruyó Sodoma y Gomorra, hasta las plagas de Egipto que llevaron a buen término el éxodo de Egipto, los israelitas estaban familiarizados con las leyendas del desastre de su historia.

Aunque no se mencionaron los volcanes, han causado muchas hambrunas y mucha pérdida de vidas. El mundo antiguo no esperaría mucho tiempo para ver la repetición de la historia de Sodoma y Gomorra, por sólo nueve años después de que la predicción de Cristo de la destrucción del templo en Jerusalén se cumplió, la erupción del Vesubio en 79 DC trajo consigo la trágica y repentina culminación de la próspera ciudad romana de Pompeya, cubierta de ceniza, y preservada en roca, para ser todo menos olvidada hasta su excavación en 1748.

Entre 1600 y 1983, Indonesia, (que fue golpeado en diciembre de 2004 por el horrible tsunami, y menos desastrosos en 2010 y 2018) sufrió más de 160.000 muertes por erupciones volcánicas, muchas de las cuales fueron causadas por el hambre.

Los volcanes son un importante presagio de hambruna, una de las señales mencionadas por Jesús en este momento. El hambre, bien definida, es un fenómeno en el que un gran porcentaje de la población de una región o un país se vuelve tan desnutrido que la muerte por inanición se hace cada vez más común. [1] la hambruna en África, particularmente en Sudán, Níger y Etiopía, ha cobrado innumerables vidas.

En los últimos dos siglos, ha habido dos hambrunas importantes previas: la gran hambruna irlandesa de las papas, conocida en gaélico como ₁Au Gorta Mor' [2] (1846-1850), y la gran hambruna de la Ucrania soviética, que reclamó multiplicó miles de vidas de campesinos entre 1921 y 1933, dejando sus restos óseos esparcidos por las tablas y la tierra. [3]

Los últimos tiempos han sido inéditos en toda la historia por el vasto volumen de la ira de la naturaleza.

El año 2004 presenció algunos de los peores y más mortales desastres de la naturaleza en décadas, incluyendo terremotos, tifones y huracanes. Tan abrumadoras fueron las pérdidas, que las Naciones Unidas se sintieron obligadas de mantener una conferencia de reducción de desastres en Kobe, Japón, el día después del décimo aniversario del gran terremoto de Hanshin. [4] En los talones de un duro año de pérdida de vidas en otros fenómenos, en diciembre 26, el terremoto de magnitud 9,9 en el Océano Índico desencadenó el feroz tsunami, que mencioné anteriormente, tomando más de 200.000 vidas en doce países, de nuevo golpeando a Indonesia más duro. [5] Incluso los noticieros lo llamaban un desastre de proporciones Bíblicas. '

Cuando parecía que no podíamos aguantar más, 2005 trajo otra erupción de la ira de la naturaleza. Sólo China afirmó que 2.475 vidas se perdieron allí, debido a los desastres naturales, incluyendo tifones e inundaciones. [6]

En los EE. UU., fue el peor año en el récord de huracanes, corriendo el alfabeto completo, y llevando a las letras griegas para los nombres. El más costoso y perjudicial de estos es el Katrina, que, como tormenta de categoría cinco, arrasó con los Estados del Golfo de Luisiana, Mississippi y Alabama, prácticamente paralizando a Nueva Orleans, causando a muchos sentir que la ciudad nunca se recuperaría.

Miles de evacuados se reubicaron, en otros Estados, y nunca volverán; según 2007 informes, tantos como 80%. [7] Un gran porcentaje del daño se hizo cuando los diques estallaron, separando el Lago Pontchartrain de la ciudad. Inundando alrededor del 80% de ella, [8] y la colocación de la sección novena superior en total devastación. Katrina fue responsable de $75 mil millones en daños, convirtiéndolo en el huracán más costoso de la historia. Al menos 1.383 muertes son culpadas en esta tormenta increíblemente catastrófica. Otras áreas afectadas incluyen el sur de Florida, las Bahamas y Cuba.

Según el Dr. Mark Jacobson, profesor asociado de ingeniería civil y ambiental de la Universidad de Stanford en California, las temperaturas más altas del océano y la atmósfera causada por el calentamiento global probablemente han estado causando huracanes desde finales del siglo XX para ganar en intensidad y posiblemente en frecuencia también. [9] Esto también está causando un aumento en los océanos y puede ser responsable de la nevada sin precedentes que ocurrió en el sur de California en Febrero y Marzo 2006. Un artículo de Chris Dolce y Jonathan Belles publicado en weather.com el 25 de enero de 2017 fue titulado *Januenterrado: Registro de escapadas de nieve en Sierra Nevada*, en la que se afirma que ese mes solo más de 20 pies de nieve había caído en partes de la Sierra Nevada, y que en la montaña Mammoth se había establecido un récord de nevadas de todos los tiempos.

Las hambrunas predichas por científicos africanos en la fecha de mi manuscrito original han llegado a pasar con una precisión alarmante. Un artículo en *The Economist* (30 de marzo de 2017) fue titulado Amenazas *de hambre 20 m personas en África y Yemen.* [10] el artículo se subtitula El Retorno del Tercer Jinete, ' que tiene una referencia inequívoca al Apocalipsis bíblico. Aunque causó más por la guerra que por la sequía, el resultado es el mismo.

El 8 de octubre de 2005, un terremoto que mide 7.6 en la escala de Richter sacudió el norte de Pakistán, cerca de Islamabad, dejando Miles muertos, y multitudes más sin hogar, no sólo en Pakistán, sino también en la India y Afganistán. [11] Casi 20.000 perdieron la vida en el primer día y 41.000 resultaron heridos. [12]

A principios de 2006, la tendencia de la naturaleza continuó; Indonesia fue devastada, una vez más, por la pérdida de miles de vidas más en un magnánimo terremoto de 6.3 en las primeras horas de la mañana del sábado 27 de mayo. Mientras que la temporada de huracanes trajo menos desastres que los dos años anteriores debido al efecto del niño, a principios de 2007 vio moldes meteorológicos raros en todo el mundo, y en general el invierno más cálido en el registro.

Una pestilencia es una epidemia (en algunos casos incluso una pandemia) de una enfermedad virulenta y altamente contagiosa. [13] El cólera y la plaga bubónica son ejemplos de esto. La gripe de aviar, que fue una gran preocupación hace unos años, y especialmente la cepa mortal H5N1 que continúa propagándose en las aves de corral en Egipto y ciertas partes de Asia, podría convertirse en un ejemplo severo de éste. [14]

Estos signos que Jesús dijo que acontecerían cerca del final de la era se hicieron eco en los cuatro jinetes del Apocalipsis en el libro del Apocalipsis de Jesucristo escrito por San Juan Evangelista, tradicionalmente identificado como el apóstol Juan, durante su exilio en la isla de Patmos, en el mar Egeo, frente a la costa de Grecia. La visión de Juan coincide con las profecías de Daniel y de Jesús.

Capítulo Ocho

Signo número cuatro: la persecución y el odio de los seguidores de Jesús

En algunas partes del mundo, los seguidores de Jesús siempre han sido odiados. La persecución de los discípulos y de los primeros líderes de la iglesia condujo a su martirio. Las cruzadas enfrentaban a los cristianos contra los invasores islámicos y buscaban proteger a los peregrinos en sus viajes a tierra Santa. Los misioneros a menudo han sido el blanco del odio y el asesinato, especialmente en los países comunistas.

Pero para entender verdaderamente dónde estamos en el flujo de — eventos de fin de tiempo de los acontecimientos profetizada por Jesús el Cristo debemos mirar con fuerza esta predicción. Algunos relacionan esto con Israel. Pero Jesús declaró claramente que sus oponentes los matarían por **Su** nombre. La nación de Israel no ha aceptado a Jesús como el Mesías. Esto se refiere claramente a los seguidores de Jesús como el Cristo. Dado que los desastres naturales extremos están ocurriendo claramente en el siglo XXI más que nunca, y estas profecías siguen una progresión de uno tras otro, es imposible no afirmar el hecho de que esto aún no se ha cumplido; pero como veremos pronto, ocurrirá rápidamente. Los signos cinco y seis ya han comenzado a manifestarse y se están convirtiendo rápidamente visibles en el horizonte, aún hoy más precisamente   que la fecha del manuscrito original de este libro.

Hay un creciente ataque contra el cristianismo hoy por la educación secular, gays, musulmanes y otros grupos. *La revista Life*, MSNBC y los políticos se han dado cuenta.

Capítulo Nueve

Signo número cinco: falsos profetas engañan a muchos, el amor se enfriará

En el siglo pasado, extrañas nuevas religiones se han arraigado en todo el mundo. Ha habido numerosos grupos que se han proclamado como la única iglesia verdadera. Los cultos han llevado a sus adherentes por el camino de la destrucción y el suicidio en la supuesta autoridad de Dios. Los nombres de David Koresh y Jim Jones han sido colocados en el salón de la fama de culto, por así decirlo.

Koresh nació como Vernon Wayne Howell en Houston, Texas, en 1959, de una madre soltera. Fue criado por sus abuelos maternos, y nunca conoció a su padre. Estaba solo; además era disléxico, abandonó la escuela secundaria. Él estaba, sin embargo, interesado en la música y la Biblia. A los 12 años, había memorizado grandes porciones de la escritura, y a los 20 años, se convirtió en un adventista del séptimo día, la fe de su madre. Pero incluso allí no encajaba, y fue expulsado por su mala influencia ' en la juventud. Se mudó a Hollywood en un esfuerzo por convertirse en una estrella de rock, fallando una vez más. En 1981, se unió a la rama Davidians, una secta que se había asentado cerca de Waco, Texas en 1935. En poco tiempo, tuvo un romance con su profetisa, Lois Roden, a finales de los sesenta, viajando con ella a Israel. Después de su muerte, luchó con su hijo, George, por el control de la secta.

Durante un tiempo, Koresh sus creyentes se alejaron, pero a su regreso, se produjo un tiroteo en el que Roden resultó herido. En un juicio por intento de asesinato, Koresh fue absuelto, y por 1990 se había convertido en el líder de los Davidianos de la rama, cambiando legalmente su nombre, afirmando su creencia de que ahora era el líder de la casa bíblica de David (Koresh siendo hebreo para Cyrus, el rey persa que liberó a los judíos celebrados en Cautiverio babilónico para regresar a su patria). [1]

El resto de la historia es bien conocida. Una incursión en febrero de 1993, por la oficina de alcohol, tabaco y armas de fuego, condujo al 51 día de asedio por el FBI y el enfrentamiento, terminando en abril, cuando el Rancho de la secta, conocido como el Monte Carmelo, fue quemado, supuestamente por los Davidianos. Los habitantes, incluyendo a Koresh, que había sido herido antes, y luego dispararon en la cabeza, fueron encontrados muertos. Basado en las profecías de Daniel, [2] los Davidianos de la rama creían que Koresh volvería un día a la tierra. La fecha más común para esto fue 1.335 días después de su muerte; 14 de diciembre de 1996 [3] (14 de diciembre fue la fecha de nacimiento del Emperador japonés Go-Suzaku, *1009;* Astrónomo y físico francés, Nostradamus, *1503* y el rey Jorge VI del Reino Unido, *1895*).

Un ejemplo anterior de un extraño líder de culto fue Jim Jones, que nació en Indiana en 1931. Después de dejar su posición como ministro con la Denominación protestante principal, — discípulos de Cristo I, se convirtió en el jefe del Templo de Personas (originalmente Wings of Deliverance), Alas de Liberación y se convirtió en un defensor de la igualdad racial y la justicia social. Jones escribió un libro en el que afirmaba que la Biblia contenía muchas contradicciones, pero que también contenía verdades. Se declaró a sí mismo como una encarnación de Jesús, Akenaten, Buda, Lenin y el Padre divino (una deidad anterior aspirante de estilo propio). Afirmó realizar milagros de sanación para atraer a nuevos seguidores, que lo llamaban Papá. [1]

En 1977, la mayoría de los 1.000 miembros de su iglesia se mudaron de San Francisco a Guyana, después de que comenzara una investigación por evasión fiscal. Jones nombró a su asentamiento Jonestown. Intentó construir una sociedad utópica libre de racismo basada en principios cuasi-comunistas. Los seguidores que se negaron a ir a Guyana contaron historias de brutales palizas, asesinatos y un plan de suicidio masivo, pero no se creían. También hubo informes de que Jones era adicto a las drogas. Del grupo que acompañó a Jones, alrededor del 70% eran negros y empobrecidos.

En noviembre de 1978, el congresista Leo Ryan dirigió una misión de búsqueda de hechos a Jonestown, siguiendo las alegaciones anteriores. Pasaron tres días entrevistando a residentes, pero abandonó repentinamente después de que se hiciera un intento en la vida del congresista. Tomaron con ellos veinte miembros de la iglesia que deseaban salir, y fueron despedidos en la pista de aterrizaje. Cinco personas murieron, incluyendo dos empleados de la NBC. Más tarde ese mismo día, El 18 de noviembre de 1978, los 914 residentes restantes de Jonestown, de los cuales 276 eran niños, cometieron suicidio máximo tras Las instrucciones de Jones, ya sea bebiendo cianuro disfrazado de sabor, inyecciones de cianuro forzado o disparos. El mismo Jones fue encontrado muerto, Herido de bala en la cabeza. muy parecido a su homólogo, Koresh. [4]

Lo último en esta cadena fue José Luis de Jesús Miranda nacido en Puerto Rico (1946-2013), que era el líder del culto Creciendo en Gracia, con sede en Miami, Florida. Con millones de seguidores en todo el mundo, afirmó ser el Jesucristo devuelto y el Anticristo, fue famoso por hacer declaraciones opuestas a la Iglesia Católica Romana, y tenía su propia interpretación de la Biblia. Según los informes, creía que no hay diablo y que la oración no sirve. Antes de tomar este nombre, usó el apodo *Jesucristo Hombre* (El hombre Jesucristo). Poco después de su muerte, sus seguidores le concedieron el título de Melquisedec, (tomado del misterioso personaje del Antiguo Testamento al que Abraham pagó los diezmos por primera vez), que significa justicia y rey de la paz. [5]

Aunque los falsos profetas y los que serían Mesías han llegado, esto no constituye la completa terminación de las predicciones de Jesús en este pasaje. La siguiente parte dice, — el amor de muchos se enfriará. I Es cierto que esto también está sucediendo, pero aún no en la medida en que lo hará al final. Se ha dicho que, si la tendencia actual continúa, dentro de la próxima generación podríamos estar viviendo en una sociedad sin Dios.

El Dr. Creflo Dollar, un ministro ardiente, y fundador del Ministerio Cambiadores del Mundo en Atlanta (una organización cristiana global con sede de 30,000 miembros en su iglesia, (World Changer's International), escribió un editorial sobre este tema, expresando sus graves inquietudes.

Afirmó que los escritores de la primera enmienda no tenían la intención de que la libertad religiosa significase la libertad de una religión nacional como paso en Inglaterra, una declaración que ha sido adoptada por otros Evangelistas desde entonces. Dijo que la primera enmienda pretendía impedir el establecimiento de una iglesia nacional, como ocurrió en Inglaterra. Dollar citó la siguiente declaración de Thomas Jefferson:

— Contemplo con solemne reverencia el hecho de que todo el pueblo norteamericano declarara que su legislatura no hará alguna ley que respetara el establecimiento de religión, o **prohibir el ejercicio libre del mismo,**' construyendo así un muro de separación entre la iglesia y el estado. ‖

También citó su desprecio por la decisión de California de que era inconstitucional recitar el juramento de lealtad en las escuelas porque contiene las palabras, una nación bajo Dios.
‖ 6

Muchos grupos cristianos expresaron sus preocupaciones hace muchos años por las acciones de la atea Madelyn Murray O'Hair que resultó en la eliminación de la lectura bíblica de las escuelas públicas en los EE.UU. en 1963. En Houston, Texas, por ejemplo, una organización ha sido formada conocida como Huston Atheist Society, (Sociedad Atea de Houston) promoviendo los derechos de las personas a no tener religión, y apoyando a los candidatos políticos que están de acuerdo con sus puntos de vista. [7] Pero el humanismo está lejos de las sociedades nuevas y secularistas que existen en todo el mundo.

Puesto que Dios es la encarnación del amor, cuando es removido de nuestra vida pública, y se alienta a nuestra próxima generación a rebelarse contra las Autoridades religiosas, es natural que esto resulte en una sociedad que no se preocupa por un código ético moral. Esto es evidente hoy en día en todas las facetas de los negocios y el gobierno.

Pero al final, la sociedad se convertirá en más incrédulo de lo que incluso nosotros podríamos imaginar.

Capítulo Diez

Signo número seis: La persecución separa a los creyentes de los incrédulos

Las personas que han vivido en países del tercer mundo testificarán el hecho de que, en estas áreas, no hay división del — cuerpo de Cristo. ‖ Todos los que tienen una fe cristiana se reúnen y comparten su fe. No hay ninguna preocupación en cuanto a si uno es un Bautista, un metodista, un presbiteriano, un católico o un carismático. América, con iglesias en cada esquina, ' ha crecido en un Evangelio estricto. ' Nuestros medios de entretenimiento, tanto aquí, en Canadá como en el Reino Unido, se han ido tan lejos de la fe y los valores familiares que han sido nuestra marca durante generaciones, que nos estamos deslizando de bajo al hoyo del conejo a un ritmo alarmante.

Cuando las profecías del final se cumplan finalmente, vendrá una sólida unión de creyentes en el señorío y divinidad de Jesús como el Cristo. La persecución tiene una manera de fortalecer la fe. Cuando esto llegue, nadie tendrá que decirles a los cristianos que esta profecía se ha cumplido: <u>todos sabrán</u>. Cuando la iglesia primitiva comenzó a ser perseguida, hubo un vínculo entre ellos. Durante la segunda guerra mundial, las naciones aliadas sintieron un parentesco, todos luchando juntos por una victoria sobre un Común enemigo conocido: el nazismo. La vinculación de la iglesia final será en esa orden; una Unión que aún está por suceder.

Capítulo Once

Signo número siete: El evangelio del reino será predicado en todo el mundo

Los predicadores que afirman que todas las profecías antes de la venida del Señor se han cumplido no pueden ver la imagen clara. Esperan una éxtasis ' o en los términos bíblicos, ، atrapando ' que ocurra antes de la segunda venida. Voy a cubrir esto, con más detalle, más tarde.

En los doce años transcurridos desde que el manuscrito original de este texto fue escrito en 2007; hasta la fecha, esta profecía aún no ha llegado a aprobarse. Sin embargo, se han hecho grandes progresos hacia este fin por el derribe de la ، cortina de hierro ' en el verano de 1989 [1] y el muro de Berlín que divide Alemania Oriental y occidental en Noviembre de ese año, [2] significando el final de la antigua Unión Soviética. El establecimiento del acuerdo comercial inicial entre los Estados Unidos y China por el presidente Richard Nixon en 1972 también ha contribuido. Estos factores han dado acceso a los países respectivos para el cristianismo de una manera no posible antes de estos eventos.

Cuando estuve en Pekín en Junio 2006, pasé mucho tiempo en una de las librerías más grandes de toda China. Hay muchos pisos que contienen libros en numerosos idiomas, incluyendo Inglés. Un hecho sorprendente fue que había un montón de Biblias disponibles para la venta allí. La aceptación del cristianismo en algunas partes de la antigua Unión Soviética también lo ha hecho más aceptable en estos países que en — América cristiana. Australia, con sólo el siete por ciento de sus pueblos reclamando cualquier fe religiosa, no tiene restricciones algunas sobre el cristianismo en sus escuelas, según un amigo mío de la familia que actualmente está enseñando allí.

Los traductores bíblicos de Wycliffe han reconocido durante mucho tiempo la necesidad de traducir la Biblia en cada dialecto o idiomas del planeta; como resultado, han estado trabajando en ese objetivo por una serie de Años.

A partir de octubre 2017, toda la Biblia había sido traducida a 670 idiomas. El nuevo testamento ha sido traducido a 1.521 idiomas y porciones de la Biblia en 1.121otros dialectos.

El proyecto en curso para lograr este objetivo masivo de Wycliffe se llama *Visión 2025*. El objetivo más optimista en su fecha para llegar al mundo entero con las escrituras es el año 2025. De acuerdo con su declaración actual, — pero a menos que la gente tenga la Biblia en la lengua que ellos entiendan mejor, no pueden leer este mensaje de vida, esperanza y salvación. Millones de personas no tienen un solo verso de la escritura. | 3

Las implicaciones de la necesidad de que este objetivo se convierta en una realidad serán más fáciles de entender al leer los capítulos restantes de este libro.

Si los cristianos pudieran ser raptados 'en cualquier momento, estos pasajes de las escrituras nunca se cumplirían.

Capítulo Doce

Signo número ocho: la abominación de la desolación

Jesús dijo: — cuando, por tanto, veas la abominación de la desolación de la que habla el Profeta Daniel, quédate en el lugar santo, (quien lee, déjale entender:) entonces que el que esté en Judea huyera a las montañas; que el que está en la azotea de la casa no baje para tomar y llevarse cualquier cosa fuera de la casa; ni dejar que el que está en el campo vuelva a tomar su ropa. ‖ [1]

La presencia visible de la ˌAbominación de desolación ' fue para ser la señal final de que la segunda fase de la ˌGran tribulación ' había comenzado. Para entender lo que es esto, debemos recurrir al pasaje al que Jesús se está refiriendo en Daniel 9:27:

— Y confirmará el Convenio con muchos por una semana, y en medio de la semana hará cesar el sacrificio y la oblación, y para la sobre propagación de las abominaciones hará *eso* desolado, incluso hasta la consumación, y la determinación será vertida sobre el desolado. ‖

Esta semana es conocida por la mayoría de los estudiantes de la profecía bíblica como la septuagésima semana de Daniel. ‖ aquí está la división evidente en las semanas de Daniel. La última semana prevista aquí <u>nunca ha llegado a pasar</u>. Esta semana confusa es la clave de estas profecías. ¿Pero por qué? ¿Y qué Pacto? ¿Quién está involucrado? ¿Qué es la semana?

Las palabras hebreas usadas originalmente en Daniel para abominación de la desolación son שִׁקּוּץ מְשׁוֹמֵם הַ מֵם (*hashikkuts meshomem*), Baal del cielo, un título que se encuentra en las inscripciones fenicias y arameos, y el equivalente semítico del griego, *Zeus,* Júpiter. Aquí es modificada por el Profeta Daniel

51

a través de la aversión judía para el nombre de un dios pagano. [2]

Los eruditos bíblicos, a través de los años, han identificado esto como varias profanaciones del templo en Jerusalén, incluyendo su ocupación por los zelotes, la destrucción de la misma por Tito en 70 DC, y la construcción de la mezquita de madera antes de la cúpula de la roca (*Qubbat comoSakhrah* en árabe) fue construido como un santuario para los peregrinos entre 685 y 691. Una cosa sobre la que todos parecen estar de acuerdo es que el templo es profanado por la creación de la adoración de un dios pagano allí. Incluso hubo una declaración en 1997 de que un acuerdo de paz entrado en por Rabin con los palestinos constituían esta abominación, empujándonos a la gran tribulación. Si esto hubiera sido cierto, ya estaríamos completamente a través de la gran tribulación.

La palabra hebrea utilizada para la semana, *shabowa*, indicó siete; en este caso, la mayoría de los estudiosos de la Biblia fundamentalista coinciden en que significa un período de siete años. De acuerdo con la progresión que hemos visto con el cumplimiento de la profecía, es obvio que ciertamente no hemos entrado en esta – semana de años, I pero con los acontecimientos más recientes, podríamos ser alarmantemente cercanos.

La nación de Israel ha estado haciendo planes para reconstruir el templo durante muchos años. El problema ha sido que el Monte del templo es un lugar tan sagrado tanto para los judíos como para los árabes que se niegan a compartirlo. Una gran cantidad de especulaciones ha surgido acerca de lo que los tesoros pueden haber sido recuperados durante las cruzadas cuando los caballeros templarios tenían su sede allí durante los siglos XII y XIII, y lo que les pudo haber sucedido después de que los Templarios fueron redondeados y ejecutado en 1307.

Este tema es una búsqueda primaria que se examina en la actual serie History Channel (Canal de Historia), *La maldición de Oak Island (La maldición de la Isla Oak)*, otro indicio con la que he estado personalmente consciente e implicado, mucho antes de que comenzara la serie. De hecho, originalmente estaba programado para publicar *La misión templaria a Oak Island y más allá: buscar secretos antiguos: las Revelaciones impactantes de un manuscrito **del Siglo 12*** por la difunta Zena Halpern, usado en el show por Rick y Marty Lagina.

Zena y yo pasamos mucho tiempo trabajando en los planes de publicación antes de que otro amigo mío accediera a ayudar; completó las ediciones necesarias para que pudiera autopublicarla en 2017.

En los últimos 150 años, una serie de excavaciones arqueológicas se han realizado bajo el Monte del templo. Fueron llevados a cabo por primera vez por los ingenieros reales británicos en la década de 1870. Después de la guerra de los seis días de junio de 1967, en la que se reclamó la ayuda divina, Israel tomó el control de la ciudad vieja. Desde entonces se han realizado excavaciones, por Israel y el Waqf islámico de Jerusalén, la autoridad musulmana encargada de la mezquita de al-Aqsa, que han sido criticadas. Justo después de la guerra, el Ministerio de asuntos religiosos comenzó las excavaciones destinadas a exponer la continuación del muro de los occidentales.

Estas excavaciones, que ha durado casi veinte años, ha revelado muchos hechos previamente desconocidos sobre la historia y la geografía del montículo del templo. En 1996, el primer ministro israelí Benjamín Netanyahu abrió el túnel de la Muralla Occidental cerca del sitio. Mi pastor, la Reverenda Dr. Jacqueline de Berry, tuvo el privilegio de explorar este asombroso túnel de pared occidental en 2007.

La nación de Israel está en constante agitación; los árabes del islam palestino tienen un profundo deseo de llevar la terminación al estado de Israel, regresando así a un estado exclusivamente palestino.

Jerusalén es la ciudad sagrada de todos los arroyos de la fe Abrahámico, incluido el cristianismo. El control de Jerusalén es el bloqueo de la paz en Israel. El 6 de diciembre de 2017, el presidente de los Estados Unidos, Donald Trump, anunció el reconocimiento de los Estados Unidos de Jerusalén como la capital de Israel, y ordenó la reubicación de la Embajada de los Estados Unidos desde Tel Aviv a Jerusalén. Su decisión, sin embargo, fue rechazada por la mayoría de los líderes mundiales. [3] Aunque el Consejo de seguridad de las Naciones Unidas condenó la decisión de Trump, algunos países apoyaron la mudanza, y la Embajada fue reubicada. Los líderes cristianos se dividieron en esto, pero el pastor de la mega iglesia de Texas que es el tele-evangelista John Hagee, [4] ahora internacionalmente famoso por su más vendido y polémico libro profético de 2013 Cuatro *lunas de sangre*, estuvo en la delegación de los Estados Unidos en la dedicación de la Embajada el 14 de mayo de 2018. En el libro, Hagee revisita la historia de las lunas de sangre, incluyendo la que ocurrió en la milagrosa guerra de los seis días en Israel en 1967, y mira a cuatro de esas lunas comenzando en 2014, culminando con la místicamente rara Super Wolf Blood Moon (La Gran Luna de Sangre de Lobo) ' que apareció sobre Washington, DC (y todo el hemisferio occidental) a la medianoche, 20 de enero de 2019, citando profecías bíblicas que él siente que coinciden con esto. Varios otros ministros evangélicos se han puesto de acuerdo y llegando a la conclusión, afirmando que este último acontecimiento, acompañado de otros fenómenos, es un presagio del inminente fin de la era.

Muchos creen que la III guerra mundial será peleada por la ocupación del Monte del templo. Algunos han expresado su preocupación por la relación e América con Israel, y sentir que al continuar la guerra sobre el terror ' iniciada por George W. Bush, nuestro gobierno está asumiendo todo el mundo islámico. Estados Unidos, sin embargo, en el pasado, ha dado muchos millones de dólares a los palestinos bajo Hamas, [5] que dirige la franja de Gaza, y cuyo régimen todavía se fija en la aniquilación de Israel.

Hezbollah, que significa partido   de Dios o paramilitares, ' [6] es un partido político chiíta con respaldo iraní-sirio formado en 1982 con el propósito de luchar contra las fuerzas israelíes que ocupan el sur del Líbano. Su ala principal es el Consejo yihad, y su ala política es la lealtad al partido de la resistencia bloque en el Parlamento libanés. Desde la invasión del Líbano en 1982, en apoyo del Estado libre libanés, Israel ha ocupado una franja en el sur del Líbano.

Fuertes ataques y bombardeos en los ataques militares en curso en Beirut y el sur de El Líbano en 2006 duró más de un mes, hasta que una frágil cesación del fuego fue alcanzada por la ONU en agosto. Se formó un gobierno de unidad nacional en 2008.

ISIS, aka ISIL, ha causado la ocupación estadounidense continua de Afganistán durante los años de Obama y principios de Trump, así como Siria, que Trump ha prometido acabar.

En verdad, el templo debe ser reconstruido antes de que esta profecía se pueda cumplir. Antes de que esto suceda, el conflicto debe terminar; pero, de nuevo, se han producido acontecimientos recientes que están cambiando el alcance de esto como nunca. Los tendremos en breve.

La escritura se cumplirá cuando el falso Mesías, conocido universalmente por los cristianos como el anticristo, griego ἀντίχριστος, que significa en lugar de Cristo, ' [7] se encuentra en el lugar más alto del tercer templo y **se declara la encarnación de Dios**. Aunque el término En Lugar de Cristo 'no aparece en ninguna de las escrituras proféticas sobre el líder carismático que afirme ser la encarnación de Dios, [8] él es ciertamente representado en esta luz. Cuando el término es utilizado, por el apóstol Juan, [9] suponía que era como un falso profeta o maestro, y no necesariamente esta persona, como se registra una vez en el plural. [10] El líder al que se hace referencia como el anti-Cristo, que va a aparecer al final de la era, se menciona en la segunda epístola de Pablo a la iglesia de Tesalónica como el Hombre del pecado, ' o son de perdición, ' [11] y también se identifica comúnmente con el dragón, la bestia y el falso profeta en el libro de Apocalipsis. [12]

En el pasaje de los Tesalonicenses, vemos la aplicación obvia de la referencia al acontecimiento del que hablaba Jesús, y su vínculo con la profecía de Daniel:

— Que ningún hombre te engañe por ningún medio: por *ese día no vendrá,* excepto que haya una caída primero, y que el hombre del pecado sea revelado, el hijo de perdición: que opone Y **engrandece por encima de todo lo que se llama Dios, o que es adorado**, para que él se sienta en el templo de Dios, **mostrando que él es Dios**. | [13]

Los puntos principales para recordar aquí son: estas profecías ocurren <u>sucesivamente</u>, por lo que aún no ha sucedido; Para cumplirse, el templo debe estar de pie en Jerusalén; el templo aún no ha sido reconstruido. Los acontecimientos muy recientes, que no se discuten abiertamente en los medios de comunicación, pueden estar indicando la cercanía de lo que ocurre.

En vísperas de la Pascua, 2012, el primer sacrificio animal fue hecho en Israel desde tiempos bíblicos, se hizo al pie del túmulo del templo, el cordero requerido de la Pascua. Los *Kohanim* (sacerdotes) que vestían de blanco tenían un puñado de simpatizantes a mano para la reconstrucción inicial del sacrificio de la Pascua. Esto se ha repetido desde hace siete años consecutivos, con multitudes en 2018 alrededor de 1.500. El evento cumple con los requisitos bíblicos y se acompaña de música interpretada en trompetas de plata y otros instrumentos especialmente hechos para servir en el tercer templo.

— Podemos ver el tercer templo levantándose sobre el horizonte, | Shimshon Elboim, uno de los organizadores del evento en 2018, contó a *Noticias de Ultima Hora de Israel.* — Solía ser un pequeño grupo de activistas, pero este año fue integrado. | [14]

Estas cosas ya están visibles, pero esta no es la conclusión impactante. Revelaré lo que es después de mirar el equilibrio de las profecías.

Capítulo Trece

Signo número nueve: comienza la gran tribulación: muerte y destrucción en todo el mundo

Es inconcebible pensar que esta vez ya ha comenzado. Con todas las catástrofes que se han enfrentado en los últimos años, e incluso como algunos están diciendo, — con todos los jugadores en el campo, I no hemos visto nada que se compare con lo que se predice para la Gran tribulación. '

El libro de las Revelaciones describe, con detalles sorprendentes, el advenimiento de los cuatro jinetes del Apocalipsis, y el derramamiento de los siete viales. Las plagas son traídas sobre la tierra. Muchos de estos signos son paralelos a las predicciones de Cristo para los últimos días. Pero mi propósito no es repetir cada uno de estos, sino mostrar que existen pruebas sólidas para sugerir que la guerra nuclear ocurrirá en este momento. El período de la tribulación tanto de Daniel como de Apocalipsis se divide en dos periodos de tres años y medio. La ¹ (Apocalipsis habla de los siete sellos, siete viales y siete trompetas), ² reminiscencia de los años robustos y magros que José predijo en Egipto. ³

El primer período traerá paz, haciendo que los que promueven al poderoso líder mundial digan, — ¡te lo dijimos! I será aceptado como el verdadero Mesías de Israel, y su reinado será visto como la cura de todos los males del mundo. Traerá consigo un gobierno único mundial que superará cualquier utopía del pasado. Él será tan convincente que engañaría incluso a los elegidos por Dios si fuera posible. ⁴

Daniel revela que:

— Desde el momento en que se quite el sacrificio diario, y La abominación que los pastos hace desolada puesta en marcha., *habrá* 1290 Días. I ⁵

1290 días equivale a un período de tres años y medio, o la última mitad de la semana de años en la septuagésima semana de Daniel; la primera mitad es un tiempo de paz. Un versículo anterior aclara esto:

— Y él (anticristo, hijo de perdición o príncipe falso) confirmará el Convenio durante una semana; y en medio de la semana hará cesar el sacrificio y la oblación, y para la sobre propagación de las abominaciones dejará desolado aun la consumación, y la determinación será vertida sobre el desolado. ‖ [6]

Las escrituras dicen de un tercio de los Ángeles del cielo cayeron con Lucifer, y que más tarde se igualaron con Satanás. Esta historia viene a la mente en Apocalipsis 8, que está repleta de escenarios de *un tercio*.

— Sonó el primer Ángel, y siguió el granizo y el fuego mezclados con sangre, y fueron arrojados sobre la tierra; **y la tercera parte de los árboles se quemaron**, y toda la hierba verde se quemó. Y el segundo ángel sonó, y como era una gran montaña ardiendo con fuego fue arrojado al mar; **y la tercera parte del mar se convirtió en sangre; y la tercera parte de las criaturas que, en el mar vivían, murieron; y la tercera parte de los barcos fueron destruidos**. Y el tercer Ángel sonó, y cayó una gran estrella del cielo, ardiendo como en una lámpara, y cayó sobre **la tercera parte de los ríos**, y sobre las fuentes de las aguas; Y el nombre de la estrella se llama ajenjo, **y la tercera parte de las aguas se convirtieron en ajenjo**; y muchos murieron de las aguas, porque se hicieron amargos. Y el cuarto ángel sonó, **y la tercera parte del sol fue afectada, y la tercera parte de la luna, y la tercera parte de las estrellas; así como la tercera parte de ellos se oscureció; y el día brillaba no por la tercera parte de la misma, y la noche también**. [7]

Esto suena muy parecido a los versículos de Joel 2 y hechos 2 que Hagee citó en su libro y comparó el Eclipse de la luna de sangre el 20 de enero de 2019.

En particular, — el sol se transformará en tinieblas y la luna en sangre antes el gran y terrible día de la venida del Señor. ǀ Pero es cierto que <u>Apocalipsis 8 aún no se ha cumplido.</u>

Vamos a examinar la interpretación de este pasaje. Algo fue visto como cayendo de los cielos como granizo y sangre. Un tercio de los árboles, y todas las hierbas de la tierra se quemaron. Un tercio del mar era, o parecía ser, sangre, matando un tercio de la vida en los océanos, y destruyendo un tercio de los barcos en ellos. Una gran estrella cayó de los cielos, contaminando los manantiales alimentando un tercio de los ríos de la tierra. La estrella se llama Ajenjo. ' Es curioso que el nombre Chernobyl, ' la central eléctrica en Ucrania que experimentó el desastre nuclear el 27 de marzo de 1986 es el nombre de una hierba amarga, igual a la hierba ajenjo, y tiene el mismo significado.

Ya sea que esto sea coincidencia o revelación divina, la devastación predicha en las visiones de Juan en Patmos tiene todas las implicaciones del desastre nuclear.

Las aguas se tornarían amargas, y muchos morirían de ellos. Los cielos humeados bloquearían la luz del sol en el día y los cuerpos celestiales por la noche.

El viernes 1 de febrero de 2019, el *Washington Post* corrió una historia que afirmaba que el presidente Donald Trump había anunciado que Estados Unidos se retiraba del Tratado de control de armas nucleares (INF) que el Presidente Ronald Reagan firmó con el primer ministro ruso Mikhail Gorbachev en 1987, afirmando que Rusia había estado violando durante años. A pesar de negar el cargo, Vladimir Putin fue rápido en cumplir. Esta medida hizo posible que ambos países avancen abiertamente con el desarrollo y el almacenamiento de misiles nucleares de alcance intermedio, lo que hace que la amenaza de una guerra nuclear se acerque un paso más a la realidad.

En una guerra nuclear, la muerte causaría estragos en todas partes. Ninguno sería inmune a su efecto devastador.

Es obvio que esto es un acontecimiento mundial, no sólo un problema para Israel, porque Jesús dijo, — y a menos que estos días se acorten, **no debería salvarse ninguna carne**: pero **por el bien de los elegidos** aquellos días se acortará. I ⁸ La guerra nuclear sería ciertamente una calamidad. Se llama el tiempo de J problemas de Jacob, porque Israel está en el centro de los problemas que invocan la gran tribulación.

Jesús hace claro en el versículo siguiente que si alguien le dice a uno de su pueblo que ha regresado en este momento. Y él está aquí o allá, que no deben creer que.

Capítulo Catorce

Signo número diez: Delirio, perversión espiritual total

Cuando el falso Mesías establece su gobierno, también sancionará una sola religión. Negará que Jesús fue el hijo engendrado de Dios, sólo *un Mesías* y *un hijo de Dios* en una naturaleza espiritual, y aceptará todos los profetas ' como Igual. Él tendrá lo que él reclamará es la prueba de que Jesús era un mero hombre, y por lo tanto no se levantaron de entre los muertos. Él, con toda probabilidad, afirmaría que es un descendiente de Jesús mismo, a través de lo que fue su matrimonio con Maria Magdalena; [1] posiblemente afirme ser una encarnación de Jesús mismo.

Desde 1983, con la publicación de los altamente especulativos y controvertidos, *Santa sangre, Santo Grial*, escrito por el equipo de Michael Baigent, Henry Lincoln y Richard Leigh, publicado por primera vez en el Reino Unido, y más tarde en Estados Unidos, el escenario se ha establecido para que esta doctrina se desplace a la mente de aquellos que no están arraigados en la fe cristiana, y para engañar a los mismos elegidos si era posible. ‖

Más que la mayoría de los estadounidenses se me ha hecho consciente de esto durante muchos años. Al final de su secuela, *El legado mesiánico*, Baigent, Lincoln y Leigh propusieron el pensamiento a sus lectores que el Priorato de Sion puede producir fácilmente un Mesías del mismo tipo que Jesús mismo. [2]

Se han escrito muchos libros sobre la afirmación del matrimonio entre Jesús y María Magdalena; de hecho, muchos especiales de televisión han sido el resultado. Con el lanzamiento, y las ventas a distancia de la novela de Dan Brown, *El código da Vinci* en 2003, la pelota comenzó su rápido rollo; con una gran película en 2006, el mensaje que querían transmitir se extendió aún más rápidamente.

El escenario está verdaderamente establecido para el cumplimiento de esta profecía vital de los últimos días de nuestra era.

Como St. Clair, soy miembro de una familia muy publicitada en libros como *Santa sangre, Santo Grial,* Y *el Código Da Vinci;* también, hay un gran número de otros libros y películas que anuncian esta teoría. Dadas estas estrechas conexiones con algunos de los autores, estoy algo excepcionalmente calificado para escribir sobre este tema. En estas publicaciones, se dice que somos descendientes de Jesús de Nazaret, a quien se afirma que era sólo un hombre, y que engendró hijos por su esposa, María Magdalena, descendientes de los cuales, de la dinastía merovingia (476-760), formaron las casas reales de Europa. ¿Qué mejor manera de establecerse a sí mismo como el verdadero Mesías, y finalmente anunciar que usted es *la verdadera encarnación de Dios?*

En marzo 2007, se produjo un acontecimiento que yo había estado esperando durante mucho tiempo.

El cineasta judío Simcha Jacobvisa, en colaboración con el director de Hollywood James Camron, ganador de un Oscar, de *Titanic* fama, lanzó un $3,5 millones Dólar documental llamado, *La tumba perdida de Jesús,* una película de 90 minutos, que se emitió por primera vez en el Discovery Channel en los Estados Unidos el 4 de marzo.

Esto fue acompañado por el lanzamiento del libro de Jacobvisi *La tumba de la familia de Jesús: el descubrimiento, la investigación y la evidencia que podría cambiar la historia,* escrito con la ayuda de Charles Pellegrino, originador de la *Jurassic Park* (Parque Jurásico) Concepto de clonación de ADN. La idea de que Pellegrino estaba involucrado emite pensamientos de intentar la clonación de humanos. Lo más impactante es la posibilidad de futuras afirmaciones de usar este proceso en lo que podría ser interpretado crudamente como los restos de Jesús.

¡Una impactante implicación oscura que podría conducir a una proclamación demoníaca de una segunda venida la idea ha sido pensada por algunos que han buscado maneras de producir un rey que podría decirse que es Jesús mismo! Mi fuente es confidencial, pero real.

La película documenta el descubrimiento de la tumba del primer siglo que contiene varios osarios, desenterrado en 1980 durante las excavaciones en East Talpiot, un suburbio de Jerusalén, a tres millas al este.

Los osarios son cajas de hueso de piedra caliza de forma rectangular que se utilizan habitualmente en la etapa final del entierro judío en la época de Cristo. El procedimiento era transferir los huesos de los miembros de la familia de la tumba original a un osario aproximadamente un año después del entierro inicial.

La premisa de la película era que los nombres de las cajas de esta tumba correspondieron a miembros de la familia de Jesús de Nazaret. Algunos de los osarios que ahora se identifican como provenientes de la tumba no estaban marcados, pero varios tenían grabados indicando el nombre de la persona cuyos huesos habían sido puesto para descansar en ellos. Un osario, el más pequeño y menos significativo, llevaba un grabado opaco, *Yehoshua bar Yehoseph*, en arameo, la lengua hablada por Jesús. La interpretación inglesa de esto es — Jesús, hijo de José. I otros fueron *Yos'*, o Joses, que podría haber sido uno de los hermanos de Jesús; *Marya*, hebreo para María, *Matya*, una forma hebrea de Mateo (esta persona no era identificable como un posible miembro cercano de la familia), *Mariamme e Mora*, Griego que significa Mariam o Martha. Este nombre, afirmaron, fue utilizado en el Evangelio gnóstico de Felipe como el de María Magdalena. El osario final marcado llevaba la inscripción, *Jehuda Bar Yehoshua*, el equivalente hebreo de Judas, hijo de Josué, o Jesús.

La película contó la historia del esfuerzo de su tripulación para localizar la tumba original, y de su éxito al hacerlo.

Había sido cubierto por debajo de un complejo de apartamentos, y se tomaron la libertad, sin el permiso de las autoridades, para descubrirlo y descender a la tumba real. Entonces descubrieron que originalmente había tenido diez cajas de huesos, y que uno de ellos había desaparecido poco después de la excavación. La caja que faltaba fue identificada más tarde como el osario James que había aparecido anteriormente, causando controversia entre los estudiosos de todo el mundo. Parte de la inscripción había demostrado ser una falsificación.

Aunque, según la ley, los huesos de los ossuarios habían sido removidos inmediatamente después de la excavación original, los realizadores encontraron convenientemente residuos que creían que podrían pertenecer a Jesús y a María Magdalena.

El residuo fue llevado a las instalaciones de pruebas de ADN en la Universidad de Lakehead en Thunder Bay, Ontario, Canadá para su análisis.

El laboratorio supuestamente encontró rastros de humanos ADN mitocondrial concluyendo así que las muestras eran de dos individuos diferentes de diferentes madres. ¡Se dijo que desde que eran de la misma tumba de la familia, los dos eran probablemente marido y mujer! No se mencionó que esto podría haber sido fácilmente la esposa de otro individuo en la tumba; Además, no había muestras de otros que demostraban esta supuesta relación.

Cuando la excavación original había sido hecha, que había sido catalogado como inconsecuente. Los nombres eran simplemente demasiado comunes en el primer siglo.

La película fue inmediatamente atacada, no sólo por los cristianos, sino también por individuos que no tenían ninguna creencia en la resurrección de Jesús, como Sir Lawrence Gardner (1943-2010), autor de *Línea de sangre del Santo Grial: el linaje oculto de Jesús revelado*, 1996, y el profesor FIDA Hassnain (1924-2016), sufí, autor de *La búsqueda del Jesús histórico* que apoya la leyenda de que

Jesús viajó a la India después de su crucifixión, que supuestamente no lo mató; que predicó allí y está enterrado en Srinagar.

Hay muchas razones por las que esta película fue ridícula.

Aunque los autores se esforzaron mucho para crear una premisa creíble, se ha demostrado que buscaban una tumba que pudiera cumplir con el propósito de desacreditar la resurrección de Jesús y dar credibilidad al osario de Santiago. Los arqueólogos como William Dever, a quien llamó el Washington Post, un experto en Arqueología cercana al este y Antropología, que ha trabajado con arqueólogos israelíes durante cinco décadas, ‖ [3] incluso vio a través de su trama. Y él tampoco es cristiano. Los cristianos fuertes en su fe rechazan naturalmente la fachada obvia. Sin embargo, muchos agnósticos creen esta historia, tal como lo hicieron en el momento de la resurrección.

Parece irónico que Tom Robinson de Discovery Channel hizo un especial en 2006 titulado, *El código real da Vinci,* en el que consideró que las alegaciones apoyadas por Dan Brown eran totalmente infundadas; su base se formó sobre un engaño. Pero las semillas todavía se están plantando, y el público como un todo es hambriento de escándalos espectaculares.

Brit-AM Israel, encabezada por un judío en la nación de Israel, conocido como Yair Dividiy, ha proclamado durante muchos años que los judíos deben aceptar a los miembros de la ̦Las tribus perdidas' de Europa como israelitas, y darles la bienvenida de nuevo a su verdadera patria. Publica una revista, pone un boletín informativo y ha escrito varios libros sobre este tema. [4] El problema aquí no es la enseñanza de que las tribus perdidas se establecieron en Europa y Gran Bretaña, pero el hecho de que los judíos pueden aceptar un poderoso líder de la ahora en expansión **Unión Europea** (UE) como el Mesías prometido.

Esta Confederación de Naciones se está preparando para ser el futuro Imperio gobernante del mundo occidental, e incluso puede estar en la liga con los Estados Unidos. Una fuente confidencial de alto rango me dijo en *estricta confianza* que la elección de Donald Trump en 2016 fue preconocida por las potestades. ' Si esto era genuino, no tengo forma de saberlo. Sin embargo, Romanos 13:1B nos dice:

—... no hay poder sino de Dios: los poderes que son ordenados de Dios. ∥

Un líder fuerte que emerge en la actualidad es el presidente francés Emanuel Macron, cuya imagen en el frente de la revista de noticias semanal, *The Economist*, 17 de junio de 2017, le mostró caminar sobre el agua. La publicación lo declaró, — El próximo Salvador de Europa. ∥ ¿es el nombre Emanuel una mera coincidencia?

Macron fue formalmente un banquero de inversión con Rothschild y Cie Banque, ahora miembro del grupo Rothschild que se especializa en fusiones y adquisiciones. La familia de los judíos Rothschild es la principal familia bancaria de Francia. Inmediatamente antes de su elección como presidente francés, se desempeñó como ministro de economía y finanzas.

En 2018, se dirigió al foro económico mundial en Davos, Suiza. Un artículo del personal de Toi el 21 de octubre de 2018 en *Los tiempos de Israel* fue titulado — Macron a revelar un plan de paz pronto si Trump no lo hacía, el mejor diplomático dijo que le dijera a MK. ∥ la imagen es de Macron estrechando la mano con el presidente de la Autoridad Palestina sonriente, Mahmoud Abbas, en París el 22 de diciembre de 2017. Una segunda foto es de Macron con el primer ministro israelí, Benjamin Netanyahu.

Por supuesto nada esta grabado en piedra. ' Sin embargo, es evidente que el mundo, al igual que el primer siglo Israel, está buscando una solución sólida a los problemas que, incluso ahora, se ciernen sobre el horizonte de la problemática economía mundial.

Los principales indicadores económicos predicen un accidente tan pronto como a finales de este año. El 10 de diciembre de 2018, el *New York Times* imprimió un artículo de Alex Williams titulado, — ¿estás listo para la crisis financiera de 2019? ∥ el artículo afirma que, durante la mayor parte del año pasado, la situación para — estadounidenses con dinero se ha sentido como en1929 de nuevo. ∥ Williams cita indicadores como préstamos estudiantiles, China, el fin del dinero fácil, Italexit (problemas continuos en la Unión Europea), y número uno, <u>Un levantamiento anti billonario por todo Estados Unidos</u>. Otros artículos de este tipo no son infrecuentes, ya sea con 2019 o 2020 como el comienzo de este colapso. Un acontecimiento así podría allanar el camino para que un líder carismático pueda intensificar su solución.

El libro más vendido de David Icke, *El secreto más grande* Subtitulado *El libro que cambiará el mundo* (1998, puente de las publicaciones del amor, Reino Unido), está plagado de declaraciones sobre el St. Clairs/Sinclairs, llamándolos — nobleza negra, ∥ [5] y colocarlos en el centro de la conspiración mundial del nuevo orden mundial. También nos clasifica como miembros de un extraterrestre — raza de reptiles, ∥ descendiendo de la serpiente que tentaron a Eva, que ha controlado el mundo por miles de años. [6]

Esta doctrina surge de la enseñanza de que el pecado original era el de Eva en una unión sexual con la serpiente, que era un extraterrestre de otro planeta.

Como Comisionado, más tarde vicepresidente de la Asociación de clanes Sinclair, Estados Unidos, me enorgullece anunciar que la mayoría de nuestros miembros no creen en estas herejías, aunque algunos indudablemente se van a ver atrapados en la excitación, como lo harán varias otras personas bien intencionadas.

Como co-fundador de la investigación global St. Clair, y su proyecto YDNA, en el que muchos de nuestros números han sido probados, puedo verificar que la inmensa mayoría de nosotros somos del grupo haplo R1b, no Mediterráneo; la única parte de la verdad es el hecho de que nuestros antepasados han estado en Europa durante miles de años antes de Cristo.

La doctrina de la raza reptil es una tontería absoluta. La serpiente no era otra que el espíritu que ahora conocemos como el Diablo. ' El pecado original fue la desobediencia al creador.

Evidencia de ADN presentada por Spencer Wells en *El viaje del hombre* demuestra conclusivamente que todos los pueblos descendieron de un hombre, a quien Wells ve viniendo del norte de África, [7] no lejos, de hecho, de la Mesopotamia, en la que se considera que la creación Bíblica de Adán (hombre) está teniendo lugar.

Veo a nuestro clan como un chivo expiatorio para aquellos que establecían el escenario para este delirio. Cuando me contactaron del *Canal nacional geográfico* para una posible entrevista televisiva, fui rápido a afirmar que cooperaría en base a expresar mis propios puntos de vista. Obviamente el segmento fue cortado, y el especial fue en una dirección diferente.

Capítulo Quince

Signo número once: Eclipse solar acompañado por una lluvia de meteoros

En la historia mítica de Superman, su venida a la tierra fue acompañada por una lluvia de meteoritos, un hecho que se jugó en la serie de televisión *Smallville*, (2001-2011), primero en WB, luego en la red CW. El niño, el hijo de un gobernante divino de otro planeta, Krypton, que ha sido destruido, se encuentra en una pequeña nave espacial enviada a la tierra por su padre para hacer su voluntad. El niño, descubierto por una familia de la granja llamada Kent, es adoptado por ellos. los Srs. Kent se da cuenta rápidamente de que el joven Clark tiene súper poderes. Eventualmente, a pesar de los mensajes de su padre espiritual, finalmente decide que su misión en la tierra es hacer el bien y luchar contra el mal.

De un modo distorsionado, este carácter nos recuerda al hijo de Dios. Su segunda aparición es precedida por una lluvia de meteoritos y un eclipse de sol. Estas señales en los cielos aparecerán repentinamente; después de que se hayan cumplido todas las demás profecías. En el mantenimiento, ciertamente podemos decir que Cristo podría volver a aparecer en cualquier momento. En el capítulo uno de este libro, mencioné la declaración de Jesús a sus discípulos después de que él había revelado los signos notables que aparecerían antes de su segunda venida. Él les dijo, — esta generación no pasará hasta que todas estas cosas sean cumplidas. | [1] Luego dijo: — el cielo y la tierra pasarán, pero mis palabras no pasarán. | [2]

Lo qué los oponentes de las autoridades de Cristo no ven es que los dos versículos inmediatamente anteriores a la declaración de Cristo de que esta generación no pasarán antes de que se cumplan las profecías son clave para su sincronización:

What opponents of Christ's authority fail to see is that <u>the two verses immediately preceding Christ's statement that this generation shall not pass before the prophecies are fulfilled are key to their timing</u>:

— Ahora aprende una parábola de la higuera: cuando su rama aún está tierna, y mete hojas, sabéis que el verano está cerca: así también vosotros, cuando veréis que todas estas cosas saben que el tiempo se aproxima, incluso en las puertas. ‖ 3

La higuera en las escrituras es simbólica de la nación de Israel. En 1948, como se mencionó anteriormente, Israel se convirtió en una nación. La generación nacida en el momento en que Israel se convirtió en una nación sería mi propia generación, ya que nací en 1946. Cuando una generación pasa, significa que muere. En las escrituras se dice que, hasta los patriarcas, Abraham, Isaac y Jacob, los hombres vivieron vidas mucho más largas. Después de eso, se dice que la vida humana promedio es de 70 a 80 años. — Y los días de nuestros años son tres de puntuación y diez años, y si por razón de fuerza son cuarenta años, sin embargo, es su fuerza Trabajo Y tristeza, ya que pronto se corta y volamos. ‖ 4

En su léxico griego, Arndt y Gingrich afirman que γενιάς στην (*genea*), la generación traducida en Mateo 24, se refiere en general a — la suma de años de los nacidos al mismo tiempo, ampliado para incluir a todos los que viven en una generación de tiempo dada, contemporáneos. ‖ 5

Usando las expectativas de vida de hoy en dia, los miembros de esta generación seguirán vivos un poco más que incluso esto.

Final Sign, Number Twelve: Christ's Coming Will Be Immediately After the Tribulation

Las iglesias fundamentalistas, incluidas las personas con las que he estado afiliado, han predicado durante mucho tiempo el retorno de la pre-tribulación del Cristo para atrapar a la iglesia. Algunos grupos, hoy, están viendo el error de esta enseñanza. Las iglesias que han enseñado esta doctrina durante tanto tiempo, naturalmente, serían renuentes a admitir que no puede contener agua. Nadie que entienda la situación quiere estar en la tierra durante este tiempo cataclísmico. Pero hay problemas con la enseñanza pre-Tribunal que no se puede pasar por alto.

El primer y más obvio problema con un pre-Tribunal _ éxtasis ' es que el acontecimiento descrito en Mateo 24 mencionado anteriormente: — y enviará a sus ángeles **con una gran trompeta y reunirán a sus escogidos de los cuatro vientos**, ‖ [1] Es después de la tribulación. [2] Este es un partido con la declaración de Pablo en su primera epístola a la iglesia en Corinto, que se atribuye a la _ éxtasis: ' — en un momento, en un abrir y cerrar de ojos, **en el último triunfo: porque la trompeta sonará, y los muertos se levantarán**...‖
[3]

El recogimiento de los Santos en su venida, tan claramente predicho por Cristo como que se lleva a cabo después de la tribulación, declara que el **—elegidos "se recogen de los cuatro vientos**. ¿Dónde están los cuatro vientos, ‖ pero todas las direcciones de la brújula **en la tierra**? Una clave aquí es — LAST TRUMP. ‖ Si el _ éxtasis ' tiene lugar en el **—último triunfo**. ‖ y el recogimiento de los Santos en la segunda venida, después de la tribulación, está acompañado por una gran trompeta, sin duda es evidente que estos son uno y el mismo acontecimiento.

Se ha expresado mucho ruido sobre **Cuando las señales en los cielos tengan su lugar.**

Vamos a examinar cada uno de los pasajes de las escrituras que predice este acontecimiento, comenzando por volver a leer las palabras de Jesús de este capítulo tan importante de Mateo 24:

— **Pero inmediatamente después de la tribulación de esos días el sol se oscurecerá y la luna no dará luz, y las estrellas caerán del cielo, y los poderes de los cielos serán sacudidos, y entonces la señal del hijo del hombre aparecerá en el cielo...**‖ [4]

La siguiente profecía del libro de Joel del Antiguo Testamento se repite en los hechos de los apóstoles:

— El sol se transformará en tinieblas, y la luna en sangre, antes del gran y terrible día del Señor venga. ‖ [5] [6]

Y del libro de Apocalipsis:

— Y vi cuando había abierto el sexto sello y, he aquí, hubo un gran terremoto; y el sol se volvió negro como cilicio de pelo, y la luna se convirtió en sangre; Y las estrellas del cielo cayeron en la tierra, incluso como una higuera emitió sus higos inoportunos cuando es sacudida por un viento poderoso. Y el cielo partió como un pergamino cuando se enrolla juntos; y cada montaña e isla fueron trasladados fuera de sus lugares. ‖ [7]

Todas estas predicciones apuntan a lo que parece ser el mismo evento. ¿Es así? Jesús dijo, sin reservas, que después de la tribulación habría un oscurecimiento del sol y de la luna. Las estrellas caída y los cielos serían sacudidos. Al igual que muchos otros acontecimientos en la Biblia, sabemos que estas predicciones pueden atribuirse a fenómenos naturales.

Como he sacado antes, un eclipse solar y una lluvia de meteoritos podrían cumplir esta profecía. Jesús había dicho sólo antes de esto que su venida sería —... a medida que el alumbramiento viene del este y brilla hacia el oeste... ‖ 8 Nunca dijo que volvería más de una vez.

El pasaje de las escrituras de Joel 2, cuando se toma en contexto, tiene que ver con el — día del Señor, cuando el espíritu de Dios se derramará sobre toda carne. ‖ en el versículo siguiente, dice, — en el Monte de Sion y en Jerusalén será liberado, ya que el Señor ha dicho, y en el remanente que el Señor llamaria. ‖

¿Podría la conclusión de esto ser a la vuelta del Mesías? En el pasaje de Hechos, **inmediatamente antes** a la cita de la profecía de los signos en los cielos, dice que el día de Pentecostés estaba en cumplimiento de las profecías de Joel, o que esto obviamente **Comenzó** su cumplimiento. Esto llegará a un mayor entendimiento en el **último capítulo cuando revelo mi impactante conclusión**.

— Pero esto es lo que habló el Profeta Joel, y acontará en los últimos días, dice Dios, derramaré de mi espíritu sobre toda carne, y tus hijos e hijas profetizarán, y tus jóvenes verán visiones, y tus viejos soñarán sueños; Y en mis siervos y en mis siervas, derramaré en aquellos días de mi espíritu; y profetizarán: y voy a mostrar maravillas en el cielo, y señales en la tierra debajo; y el fuego y el vapor de humo. ‖ 9

Obviamente, el día de Pentecostés no fue la conclusión del cumplimiento de la profecía del fin del tiempo de Joel. Todos los fenómenos naturales no han llegado a pasar; ni siquiera con la reciente —lunas de cuatro sangres. ‖ Pero fue el principio.

La profecía de Apocalipsis es muy similar a estas, pero la colocación de ella en el orden del libro de Apocalipsis hace que sea demasiado pronto para ser las señales que acompañarán el regreso de Cristo. Nuestro mundo se sacude por el intento del hombre de explorar el espacio. Ya que la Biblia dice que Dios estaba disgustado con el hombre por la construcción de la torre de Babel, [10] la intención de que era que su parte superior *puede llegar a* al cielo, ¿cuánto más el hombre extenderá   su límite enviando cohetes, satélites, sondas y una estación espacial ' a los cielos? Si la exploración espacial no ha trastornado el equilibrio de la naturaleza, como parece creer la NASA, ¿por qué el drástico aumento de los desastres naturales? ¿Por qué estamos experimentando el calentamiento global?

El 9 de noviembre de 2006, un colosal huracán como tormenta apareció en Saturno [11] cerca de su polo sur. Esta fue la primera vez que una tormenta semejante se había sabido desarrollar en cualquier planeta que no sea la tierra. Se decía que era mucho más grande que nuestros huracanes; aproximadamente 5.000 millas de ancho, y cinco veces más alto, con un ojo bien definido, agitando en un movimiento en sentido horario a 350 millas por hora. Los científicos de la NASA estaban desconcertados.

¿Pero qué pasa si sus pies tocan en la segunda venida? Las 'escrituras del Éxtasis No dicen eso. La Biblia no dice que sus pies tocarán inmediatamente el Monte de los olivos cuando venga. Esto es de la tradición cristiana, basada en un verso en los escritos del Profeta Zacarías con respecto al día del Señor:

— Y sus pies se pararán en aquel día sobre el Monte de los olivos, que está delante de Jerusalén al este, y el Monte de los olivos se allegará en medio de él hacia el este y hacia el oeste, y habrá un valle muy grande; y la mitad de la montaña se retirará hacia el norte, y la otra mitad hacia el sur. ‖ [12]

La creencia de que sus pies se tocaría en el Monte de los olivos se estableció debido a la tradición de que aquí es donde ascendió a los cielos. Esto también, no se encuentra en las escrituras Canonicas. Mateo y Juan ni siquiera mencionan su ascensión, y sólo se alude brevemente a Marcos y Lucas.

— Entonces, después de que el Señor les había hablado, fue recibido en el cielo, y se sentó en la mano derecha de Dios. ‖ [13]

— Y aconteció que, mientras los bendijo, fue separado de ellos, y llevado al cielo. ‖ [14]

El relato más detallado de la ascensión se encuentra en el libro de los Hechos de los apóstoles 1:9-11, también atribuido a Lucas:

— Y cuando había hablado estas cosas, mientras que las vio, fue tomado; y una nube lo recibió fuera de su vista. Y mientras se veían firmes hacia el cielo al subir, he aquí, dos hombres se pusieron de pie junto a ellos en ropa blanca: lo que también dijo, vosotros, hombres de Galilea, ¿por qué os levantáis mirando al cielo? Este mismo Jesús, que es tomado de vosotros en el cielo, vendrá de la misma manera como lo habéis visto ir en el cielo. ‖

Pero si las escrituras no apoyan la doctrina del éxtasis de la pre-tribulación, ¿dónde y cuándo se originó esto? La respuesta es simple. Esta doctrina fue enseñada por primera vez por un ministro de la iglesia de Escocia, Edward Irving, quien fue despedido de su posición por la creencia y la práctica de los dones espirituales, incluyendo hablar en lenguas, en 1832.

Dos años antes, durante uno de los servicios de Irving, una chica escocesa de 15 años llamada Margaret McDonald entró en un trance. ' Después de un período de varias horas, en la que afirmaba tener una visión, profetizó que la venida de Cristo estaría en dos fases, en lugar de una, como habían creído y enseñado a los cristianos hasta este punto. Dijo que Cristo vendría visiblemente a atrapar sólo a los justos de todas las Naciones; entonces vendría una segunda vez a pronunciar el juicio sobre el injusto de todas las Naciones. [15] Esta doctrina del Éxtasis Secreto fue promovida por Irving, quien dijo que había escuchado una voz del cielo que le mandaba proclamar este mensaje. Después de la despedida de Irving de la iglesia de Escocia, formó la Iglesia Católica Apostólica, que todavía existe en la actualidad.

Más tarde, el inglés John Darby, pionero del movimiento de los hermanos de Plymouth, se apoderó de la doctrina de éxtasis introducida por Irving, y se fue a Escocia para reunirse con él y sus seguidores. Darby se convirtió en el desarrollador de los argumentos de las escrituras que todavía se utilizan para apoyarlo. Pero su inclusión por Cyrus Scofield en La *Biblia de referencia de Scofield* hizo el pre-Tribunal éxtasis esparcir por todo el mundo.

La escritura que se utiliza invariablemente para sostener la doctrina del éxtasis se encuentra en la primera epístola por el Apóstol Pablo a la iglesia Tesalónica.

Después de decirles que él no los tendría (ellos) ignorante... con respecto a los que duermen ‖ 16 (muertos), Pablo les da la certeza de una resurrección en — la venida del Señor. ‖ 17

— Porque el Señor mismo descenderá del cielo con un grito, con la voz del Arcángel, y con el triunfo **de Dios**; y los muertos en Cristo se levantarán primero; Entonces los que estamos vivos y permanecemos, seremos atrapados junto con ellos en las nubes para encontrarse con el Señor en el aire; y así estaremos siempre con el Señor. Pero los tiempos y las temporadas, hermanos, no tenéis necesidad de que os escriba. Por vosotros mismos sabéis perfectamente que el Señor viene como ladrón en la noche. Porque cuando dicen, la paz y la seguridad, entonces la destrucción repentina viene sobre ellos, como un esfuerzo laborioso sobre una mujer con niño; y no escaparán. Pero vosotros, hermanos, no estáis en oscuridad que ese día debería adelantare como un ladrón. ‖ 18

Al examinar estos pasajes de las escrituras vemos que [1] Pablo no estaba poniendo esto en un marco de tiempo, simplemente declarando lo que sucedería **en el regreso de Cristo**; [2] **De ninguna manera** dijo que se trataba de un evento separado del _ Segundo Advenimiento; [3] este acontecimiento no podría ser una misión secreta en la que los cristianos serían atrapados, porque estaban acompañados por **el sonido de la trompeta**, seria exactamente como Jesús declaró su venida después de la tribulación; [4] los seguidores de Cristo, ya sean vivos o muertos, conocerían a Cristo, tal como Jesús dijo que ocurriría en su venida después de la Tribulación.

También, después de las preguntas de los cristianos tesalonicenses sobre el acontecimiento, en su siguiente carta a ellos dijo:

— Ahora os suplicamos, hermanos, por la venida de nuestro Señor Jesucristo, y por nuestro recogimiento junto con él, para que no seáis muy pronto en la mente, ni os preocupéis, ni por el espíritu, ni por la palabra, ni por carta como de nosotros, como el día de Cristo está cerca. Que ningún hombre te engañe por ningún medio; para ese día no vendrá excepto que haya una caída primero, y que el hombre del pecado sea revelado, el hijo de perdición. | [19]

Aquí Pablo mismo aclara el hecho de que antes de la venida del Señor, que él mencionó en su primera carta, o epístola, a ellos, no vendría hasta después de la tribulación cuando el — hombre de pecado, | alias el anticristo, se revela.

Pruebas duras

Vamos a recapitular los hechos a este respecto que aportan pruebas de que Cristo regresará pronto.

Primero, Israel se convirtió en una nación en 1948, estableciendo el escenario para los eventos de fin de tiempo para comenzar.

Segundo nunca en la historia del mundo, se han unido todos los tiempos para ser como Jesús dijo que sería. La gente esta de un lado para otro y se está aumentando el conocimiento, [1] como lo predijo Daniel, como nunca. Automóviles, trenes y especialmente jets, han hecho de esta la mayor edad de viaje en toda la historia del hombre. Las computadoras y la televisión satelital han hecho el auge de la generación de informática más allá de lo soñado. Las profecías registradas en este pasaje que Daniel debía — callan las palabras y sellan el libro, incluso hasta el final del tiempo, nunca pudieron ser entendidas antes. Ahora están haciendo sentido.

Tercero, las profecías de Jesús en Mateo 24 nunca se habrían cumplido en una generación hasta ¡**Ahora!** Los mesías y los profetas falsos han mostrado sus feas cabezas, las guerras están en todas partes, desastres naturales, incluyendo terremotos, en lugares diversos [2] son rampante, causando múltiples por cientos de miles de muertes. Los equipos de desastres están trabajando todo el día, y alrededor de nuestra esfera. La palabra tsunami ' es ahora una palabra familiar.

Cuarto, insultar a la fe cristiana en Estados Unidos, incluso dentro de nuestra generación, habría sido un insulto para la mayoría de nosotros. Ahora es común. No insulten a las religiones de otras naciones, que podrían ofenderlos, pero en el s siglo 21 se considera normal dudar de los inquilinos del cristianismo, y buscar Alumbramiento ' a través de la Gnosis y los místicos. Los falsos profetas están teniendo unos días esplendorosos.

Hay realmente una pérdida de muchos, como esta las iglesias que genuinamente tienen fe en el señorío de Cristo experimentan una disminución en la membresía, también de acuerdo con la profecía, y el abuso de los niños por parte de los sacerdotes católicos y también los fanáticos del Evangelio de la prosperidad que han caído de gracia han hecho las cosas aún peores.

Quinto, las otras profecías están establecidas para cumplirse. Los traductores bíblicos de Wycliffe están presionando a toda velocidad para que la Biblia se traduzca en cada dialecto de la tierra, para que cada persona pueda escuchar el Evangelio.

Sexto, los creyentes de la iluminación en la nueva edad están preparando el escenario para la aceptación del anticristo. Un libro que promueve la llegada del líder de un mundo de la — línea de Jesús ‖ afirmó que — todas las condiciones necesarias están ahora en su lugar. ‖ 3 Él ve este sistema como que trae consigo el cielo en la tierra. ‖ 4 **El hecho de que el sistema esté preparado para el momento adecuado, es evidencia convincente de que los profetas de la Biblia tenían reconocimiento divino de este día en el que estamos viviendo.**

El escenario seguramente está fijado para Armagedón.

Muchos han estado tan convencidos de que la hora estaba sobre nosotros que ellos han mal leído las señales, y sintieron que la captura de los electo de Dios ‖ debió haber sucedido alrededor del año 2.000. **¿Por qué se equivocaron? <u>Si estamos tan cerca, ¿por qué no</u> las otras profecías ya se han cumplido?** Si incluso el movimiento de la nueva era presionaba a su líder para que viniera a la escena, ¿por qué no ha sucedido? **Mi sorprendente conclusión está justo por delante.**

Capítulo Dieciocho

Mi impactante teoría

Cada vez que se menciona la edad de la iglesia actual, siempre se ha presumido que ha comenzado en el nacimiento de Jesús. El siguiente fragmento de mi libro, *Oraciones de profetas, caballeros y Reyes*, incluye el primer paso para comprender dónde estamos en el esquema de la profecía, y por qué tantos se equivocaron al establecer fechas para el regreso de Cristo:

"En el momento del nacimiento de Cristo, el zoroastrismo era la religión prevaleciente en Persia, y Babilonia. Los magos eran "hombres sabios " que eran asesores de los Reyes. Siguieron la enseñanza de Zarathustra, y fueron los astrónomos consumados, y creyeron en una profecía que Dios iba a enviar un Mesías, o ungido. Según un especial de la BBC 2002, "el misterio de los tres Reyes ", un signo en las estrellas era anunciar su nacimiento. Desde el reinado del rey de los títeres romanos Herodes el grande, durante el cual Jesús fue declarado nacer fue sólo del 8 A.C. al 4 A.C., la fecha de nacimiento tradicional para Jesús es obviamente inexacta. La fecha más probable, según el especial de la BBC, fue el 16 de abril de A.C. (13 SHIva) cuando Júpiter estaba en el cielo oriental y eclipsado con la luna, en lugar de un cometa o supernova como algunos han creído.

"Según la BBC, el astrónomo Michael Molnor de la Universidad de Rutgers ha descubierto una moneda antigua de alrededor de la época del nacimiento de Jesús, que representa Aries, el carnero, saltando, mirando hacia atrás en una estrella. La pista condujo a documentos que revelaban que Judea fue representada con frecuencia bajo el signo de Aries. Los eventos astrológicos alrededor de este tiempo mostraron un acontecimiento significativo; que se mencionó anteriormente. Para los magos, esto probablemente podría haber sido una señal del nacimiento del Mesías. " [1]

Esto muestra una fecha muy posible para el nacimiento de Jesús. Ciertamente no nació el 25 de diciembre, fecha establecida por Constantino en 360 Anuncio para coincidir con un feriado pagano, celebrado como el nacimiento del Dios del sol, que ya estaba observado en el momento en que hizo el cristianismo la religión oficial del imperio romano.

Después de mi larga creencia de que abril 16/17 para ser la fecha correcta para el nacimiento de Jesús, otra teoría interesante me llamó la atención en un artículo de un investigador moderno titulado, — fechas históricas para Jesucristo. ‖ utiliza el tiempo de la Concepción más probable de María basado en el texto que se encuentra en el Evangelio de Lucas cuando María fue visitada por el ángel:

— Y en el sexto mes, el ángel Gabriel fue enviado de Dios a una ciudad de Galilea llamada Nazaret, a una Virgen comprometida con un hombre cuyo nombre era José, de la casa de David, y la Virgen 'se llamaba Maria. ‖ [2]

El sexto mes del calendario religioso hebreo fue el mes de Adar, del Akkadian *Adaur*, (Febrero/marzo). En ese momento Elizabeth ya había estado embarazada de John durante seis meses. Algunos creen que esto significaba el sexto mes del embarazo de Elizabet, pero no lo dice. Sin entrar en detalles elaborados, debido a la oficina y deberes del padre de Juan el Bautista, Zacarías; el momento de la visita del ángel Gabriel a María, y el tiempo de Herodes; el investigador llegó a la fecha de nacimiento de Tishri 15, o del 8 de octubre de 7 a. c. [3] Mi problema con esta fecha era que no había visto ninguna evidencia de que una conjunción de estrellas había ocurrido alrededor de ese tiempo que calificaría esta posible fecha para ser considerado. Después de averiguar la profundidad de estudio que este investigador había sufrido para derivar en esta fecha, Cavé más.

Primero, descubrí que, en 1603, el astrónomo y matemático holandés Johannes Kepler se convirtió en el primero en observar una conjunción entre los planetas Júpiter y Saturno en la constelación de Piscis, señalando que, por sus conver-

gentes, aparecieron como una nueva y más grande estrella. '
4

Más tarde, Kepler recordó haber leído los escritos de Abravanel, [5] un brillante rabino portugués que vivió de 1436 a 1508, en el que afirmó que los astrónomos judíos creían que cuando había una conjunción de Júpiter y Saturno, el Mesías vendría.

En 1925, esta hipótesis fue reexaminada cuando se descubrieron referencias a esta conjunción en las inscripciones cuneiformes de los archivos de la antigua escuela babilónica de astrología en Sipper. Esta conjunción se registró durante un período de cinco meses en el año 7 A.C. Los cálculos muestran que esta brillante estrella ' fue visibles tres veces en el transcurso de ese año: 29 de mayo, **3 de octubre**, ¡y el 4 de diciembre! [6]

En este punto me pareció que había verdadera validez en este periodo de tiempo. Los magos persas habrían sido consientes de esto. Sentí que este investigador podría haber estado fuera por unos días y todavía plausible en su teoría. Otro hecho fascinante fue que el 3 de octubre del año 7 A.C. era sábado, Tishri 10, 3755 en el calendario judío, ¡el Día de la expiación! Dado la fecha probable de la concepción divina de Maria, este nacimiento habría sido un poco prematuro, pero con el viaje a Belén en un burro, esto tiene mucho sentido.

¿Pero fue El nacimiento de Jesús en realidad la fecha en que comenzó la edad de la iglesia? En el libro de los Hechos de los apóstoles, encontramos **el indiscutible nacimiento de la iglesia fue el día de Pentecostés**, como mencioné anteriormente en el capítulo quince. **este punto es la clave final**.

Después de meditar en este pensamiento, me quedó claro que **la medición del tiempo hasta el final de la edad comenzó después del fin del Ministerio terrenal de Cristo, ¡no en su nacimiento!**

Se han calculado varias fechas para la crucifixión de Cristo, la primera que fue establecida por Sir Isaac Newton, usando la visibilidad de la luna creciente con el fin de correlacionar los calendarios de Judea y Juliano. Su fecha preferida era el viernes 23 de abril, 34 DC. Las fechas más comúnmente aceptadas por los investigadores de hoy son viernes 7 de abril, 30 AD y viernes 3 de abril, 33 AD, [7] pero en general, estos investigadores asumieron el nacimiento de Jesús al comienzo del calendario gregoriano AD y su edad 33 a su muerte. Sin embargo, de acuerdo con las profecías que ya hemos revisado en Daniel, el tiempo es más seguro que el Mesías sería revelado.

Algunos han visto esto como cuando comenzó su Ministerio. Pero esa no fue la fecha en la que se mostró a sí mismo como el Mesías. **A su entrada triunfal, cuando cabalgó hacia Jerusalén en el burro, se mostró verdaderamente como el Mesías.**

Pedro y Pablo la Londe en *301 pruebas sorprendentes y Profecías* (Prophecy Partners, Inc., Niagara Falls, Ontario, Canada, 1996) afirman que 483 años más tarde, hasta el día, fue el domingo 6 de abril de 32 AD, y que esto coincide con la conmemoración del domingo de Ramos en el que Jesús entró en Jerusalén, revelándose a sí mismo como el Mesías. Sólo unos días más tarde, la profecía de su asesinato también se cumplió.

Esta fecha, sin embargo, no suena tan precisa por dos razones. En primer lugar, ya que no había un año 0, y 465 A.C. fue el primer año de El reinado de Artajerjes sobre Media y Persia, el vigésimo año de su reinado habría sido 446 A.C. Por lo tanto, 483 años a partir de 446 A.C., parecía, habría sido 37 AD, o 3797 del calendario hebreo, [8] no 32 AD. En segundo lugar, Jesús se reunió con sus discípulos para comer la comida de Seder la noche de su arresto. Esto sólo se celebró en la primera noche de Pascua en Judea, que normalmente es Nisan 14. En 32 DC, Nisan 14 fue el lunes. [9] aunque la mayoría de los cristianos consideran que esto ha sido el jueves, y la crucifixión del viernes, cuando reflexioné sobre la idea de que, debido a que el día de la crucifixión era un día muy alto, no se trataba de un sábado regular, comenzó a tener sentido que la crucifixión era el miércoles, ya que otros han sugerido, y el día más alto fue el jueves. ¡Esto será cubierto más tarde, pero el punto clave definitivamente vino cuando descubrí que los únicos años que cayeron de esta manera alrededor de ese tiempo fueron 3787 y 3797! ¡Me sorprendió otra vez!

El primer descubrimiento es que la *Probable* fecha de El nacimiento de Jesús era el 3 de octubre del 7 a. c., en Tishri, el día de la expiación. Su revelación como Mesías, y su crucifixión y resurrección, todos están en Nisan. Si esto fue 37 AD, según la profecía de Daniel, esto le habría hecho 43 años de edad, no 33, cuando comenzó su Ministerio de tres años.

Originalmente había sentido que el nacimiento de la iglesia había estado en 27 AD debido a las señales que había descubierto, o 3787 en el calendario judío. La evidencia demostró que la septuagésima semana de Daniel estaba más cerca.

El Evangelio atribuido a Lucas, inmediatamente después del bautismo de Jesús, dice en cuanto a su ministerio:

— Y Jesús comenzó su Ministerio para ser unos treinta años de edad. ‖ 10

Yo estaba perplejo en cuanto a la profecía de Daniel. La comprensión de esto es — de la salida a la luz del mandamiento de restaurar y edificar Jerusalem. ‖ 11

El Decreto original para reconstruir Jerusalén había sido dado por Ciro mucho antes, en el primer año de su reinado después de tomar Babilonia, 538 A.C. 12 Según Josephus, en *Las antigüedades de los judíos*, Cyrus leyó en el libro de Isaías que había sido predicho a reconstruir Jerusalén más de 100 años antes, y dio un decreto para que se hiciera:

— Esto era conocido por Ciro al leer el libro que Isaías dejó detrás de él de las profecías; para este Profeta dijo que Dios se lo había hablado en una visión secreta: Mi deseo es que Ciro, a quien he designado para ser rey de muchas naciones, envíe mi gente a su tierra y construir sus Templo. '‖ 13

La profecía de Isaías [14] es una de las profecías más convincentes de la Biblia. El cumplimiento se encuentra en la Biblia en las dos crónicas II [15] y Ezra. [16]

La obra que había comenzado en Jerusalén había cesado cuando el pueblo se quejó y una orden había sido dada por Artajerjes registrados por Ezra:

— Da ahora el mandamiento de hacer que estos hombres cesen, de que esta ciudad sea Construida, hasta que se dé otro mandamiento de mí. ‖ [17]

El trabajo en el templo no se realizó hasta el segundo año de Darias [18] (520-519 A.C.), y en 457 a. c. o 3304 en el calendario judío (**el séptimo año de su reinado**), después de completar el templo, Artajerjes escribió una carta, emitiendo un edicto o ‟ Mandamiento" ' [19] para que Ezra regresara a Jerusalén, estableciera un sacerdocio y establezca el gobierno allí.

Esto, en efecto, reconstruiría la ciudad de Jerusalén, ¡y fue en marcha hacia adelante! Esto sucedió en el primero de Nisan cuando Ezra se fue, o el 26 de marzo. De este decreto de Nisan 1, 3304, añadiendo 483 años, y recordando que no hay año 0, es igual al año que yo había imaginado originalmente para la crucifixión, 3787, ¡o 27 AD!

La preparación de la Pascua fue siempre el día antes de la comida Sedar, y esto es Nisan 14, comenzando **en la noche de los 13TH**. En 27 DC, Nisan 14 cayó el miércoles. El signo del profeta Jonás fue la única señal que Jesús dio para probar su verdadera misión cuando fue interrogado en el Evangelio de Mateo de los escribas y fariseos:

— Una generación malvada y adultera busca una señal; pero no se le dará ninguna señal, excepto el signo del profeta Jonás. **Porque como Jonás tenía tres días y tres noches en el vientre de la ballena, así será el hijo del hombre tres días y tres noches en el corazón de la tierra.** Los hombres de Nínive se levantarán ante el juicio con esta generación y lo condenaran; porque se arrepintieron ante la predicación de Jonás, y he aquí, algo más grande que Jonás. La reina del sur surgirá en el juicio con esta generación para condenarla, y he aquí, algo más grande que Salomón. ‖ 20

Esta escena también se registra en Lucas, y otra referencia también se da en Mateo.

Al pensar en una crucifixión del viernes, hay **No es posible** para cumplir esta profecía imperativa de Jesús. Tres días y tres noches sólo podían ser completados por una crucifixión del miércoles.

Es obvio que Jesús, sabiendo que había llegado la hora, se reunió en secreto con los discípulos el martes por la noche, que fue la primera noche de Pascua desde que comenzó el día judío al atardecer, para observar su Sedar Pascual. Desde que la entrada triunfal enfureció tanto a los judíos, estaban desesperados por encontrarlo. Probablemente sólo había pasado dos días entre su entrada triunfal el domingo, y su arresto el martes por la noche después de su Ultima Cena. '

Ahora todo encaja. La crucifixión del miércoles antes del día del alta ‖, en un momento en que la Pascua comenzaba, tiene sentido. El día después de la crucifixión no fue un sábado ordinario. eso no podía haber sido para la profecía que se cumplió que Jesús proclamó como el único signo que daría para demostrar que sus afirmaciones eran verdaderas!

En el libro de Levítico, cuando las fiestas fueron estable-cidas, el día después de la fiesta de la Pascua fue la fiesta del pan sin levadura, [21] **un ' día alto. '** El jueves, viernes y sábado fueron tres días. Miércoles por la noche, jueves por la noche y viernes por la noche fueron tres noches. En ninguna parte las escrituras proclaman que él estaba en la tumba todo el sábado por la noche. ¡Muy temprano en la mañana del primer día de la semana, que ya había surgido!

Por su crucifixión en Nisan 14, cumplió para el creyente en él el eterno paso de la muerte a la vida.

En las palabras del apóstol Pablo, antiguamente el vil perseguidor de los cristianos, Saulo de Tarso, —*Porque incluso Cristo nuestra Pascua es sacrificada por Nos.*| (I Corintios 5:7b)

Aunque los pensamientos que me señalaron en esta dirección no son sino funcionamiento de nuevo de la investigación en curso, me conducirían a mi teoría única, que nunca he escuchado expresada antes: **la creencia de que el comienzo de la era cristiana,** *Así **el punto central en la comprensión de la** **profecías del fin de la era,** **comenzó entonces**.

El nacimiento de la iglesia en Pentecostés habría sido **Domingo, Sivan 1, 27 d. c., 23 de mayo**, según nuestro calendario. [22] 2.000 años a partir de la fecha del nacimiento de la iglesia, por este cálculo, sería **23 de mayo de 2027** (un domingo). Pero desde el calendario juliano, que estaba en uso en el imperio romano en la época de Cristo, hasta el actual calendario de los gregorianos, el tiempo en años seguía siendo el mismo.

¡Por supuesto que no estamos seguros de las fechas, y nadie conoce el día o la hora de su aparición, así que se puede afirmar saber eso, pero en ninguna parte el estado de las escrituras no podemos saber el tiempo aproximado! De hecho, *implica fuertemente* **que en los últimos días podríamos saber esto**. Esto haría que el año probable para la creación del gobierno de un mundo bajo el Anticristo **2020**.

Cuando me asenté en esta teoría, de nuevo en 2007, decidí comprobar **planes en las obras para 2020**. Me sorprendió encontrar, incluso tan temprano en el esquema de las cosas, no sólo de las organizaciones religiosas que intentan probar la existencia de los Illuminati, o una teoría de la conspiración u otra, sino de las organizaciones o personas que estaban genuinamente esperando un gran Cambio alrededor de ese mismo año.

Aquí están mis descubrimientos tempranos:

Un gran número de grupos ya habían aceptado el nombre Vision 2020. ' Curiosamente, 2020 es un símbolo más reconocido para representar visión clara por optometristas. El objetivo de los grupos de la nueva era es Iluminación.' El propósito de Gnosis ' es obtener conocimiento secreto que nos hará ver y entender claramente los profundos Misterios ocultos. ' En I Timoteo 6:20B, Pablo amonesta al joven Timoteo: — Aléjese de la charla sin Dios y de las ideas opuestas de lo que se llama falsamente al conocimiento. ‖ la palabra griega aquí traducido conocimiento es *Gnosis*.

El anticristo será visionario, uno que personificará el conocimiento, y afirme tener todas las respuestas.

Tendrá un plan para la paz mundial inmediata. El Oriente Medio firmará finalmente un Tratado de paz y el medio ambiente recibirá una gran prioridad. El combustible será asequible, y todas las personas podrán recibir alimentos y tratamiento médico. ¿Suena bien? De las circunstancias actuales, como se revela en el capítulo catorce, es fácil ver cómo esto podría incluso ahora ocurrir rápidamente. Aquellos que se oponen al sistema una vez que está en su lugar tendrán que ser eliminados silenciosamente.

Las organizaciones en los Estados Unidos y varios otros países son conocidas como Vision 2020. Aparte de una iniciativa mundial para el — derecho a la vista, ‖ Hay muchos otros objetivos de estas organizaciones, como la infraestructura y la tecnología. Universidad A & M de Texas; el estado de Illinois; Moscú, Idaho; Condado de Saginaw Michigan; Joplin, Missouri; Bakersfield, California, y las industrias químicas de

Estados Unidos están entre aquellos que han establecido Vision 2020 programas a principios de este siglo, promoviendo la excelencia en el futuro. La organización 2020 de la India prevé una reducción de la pobreza y una mejor educación y tecnología en su país.

Una de las más notables y menos conocidas de estas organizaciones se llama *Mallas*. No hay duda de que estas personas son bien intencionadas. En parte, su proyecto, con sede en Nueva Zelanda, ve para Vision 2020: -un posible futuro para la humanidad: la riqueza, la sostenibilidad, la paz, la aventura. ‖ esta visión ofrece crear un nivel base de riqueza que equivale a lo que un ciudadano estadounidense actual llamaría — alto ingreso medio. ‖ por supuesto, 2020 está casi aquí, y todavía falta mucho, pero el sitio web que promueve sus objetivos sigue activo en 2019. [23] algunos objetivos aún enumerados son:

— Este proyecto entregará a todos un hogar, comida, educación, comunicación y viajes.

— Empodera la responsabilidad personal proporcionando seguridad y oportunidades.

— Creamos un conjunto de robots que pueden hacer todo esto y hacer otro para nosotros.

— Para aquellos de ustedes que duden de que sea económicamente posible consideren esto:

— Tener una máquina que puede hacer todos los aspectos de la producción significa que lo hace sin costo alguno.

— Este es un cambio fundamental en la estructura de la teoría económica.

— La riqueza creada por esto nos da los medios para entrar todos los grandes problemas Ecológicos que enfrenta la humanidad y para crear lo que responsablemente Elija. ‖

Aunque este proyecto por sí solo aún no ha sido capaz de lograr estos objetivos, muchos grupos continúan hacia cambios importantes rápidamente. Ted Howard, organizador de Visión 2020 en Nueva Zelandia es un político a quien tal vez sea recogido por La Nueva Orden Mundial, la cual se esta moviendo rápidamente hacia el cumplimiento de las profecías de Jesús.

Ya sea que el tiempo real sea 2020 o no, está llegando terriblemente cerca para que estas profecías pasen.

De acuerdo con una transmisión de 2006 de marzo en inglés en N.C.P. y C.P.P.C. Televisión, China había anunciado que estaban trabajando hacia una sociedad mejor, con mayores derechos humanos, y una mejor aceptación de sus ideales en el mundo. allí año de destino, el informe indica que es 2020. Verdaderamente, 2020 es un año en el que la gente de todo el mundo esperará una nueva visión.

¡Luego está el objetivo de los traductores bíblicos Wycliffe para completar la impresión de la Biblia en todos los idiomas por 2025!

¿Es una mera coincidencia? Los ministerios evangélicos de televisión están transmitiendo sus mensajes a casi todos los rincones del mundo ya.

Entonces empecé a buscar en 2025. Si mi teoría es cierta, a finales de 2023 a principios de 2024, el hombre del pecado I debe reclamar ser la encarnación de Dios. En la novela futurista de Mark Palmer, *Rompiendo el verdadero eje del mal*, la fecha objetivo para liberar al mundo de todas las dictaduras y tiranías es de 2025, por lo tanto, de acuerdo con el libro, **trayendo paz a la tierra**! [24]

Un sitio Web titulado Goddess Ascending (La Diosa Ascendente) ' da una cronología para la paz de la diosa, que culmina (adivina Cuándo), — reemplazando suavemente al Dios del padre con el Dios de la madre por 2025. I [25] La filosofía de la nueva era abraza el — divino femenino. | la proclamada Unión de María Magdalena con Jesús ha encendido un culto que ha culminado en la adoración de ella como una diosa.

Alouph Haroven, ex miembro del Mossad, y director del programa de dignidad humana en Sikkuy, la Asociación para el avance de la igualdad cívica, en Jerusalén, lo puso así:

—...**para el año 2025 la paz entre palestinos e israelíes debería facilitar el cumplimiento de la visión de la paz** ofrecido por el Príncipe Abdullah de Arabia Saudita, una paz integral entre Israel y todos sus vecinos árabes; paz no sólo como el fin de las guerras, sino también como el desarrollo de las relaciones humanas entre árabes e israelíes en campos de interés compartido, en igualdad de oportunidades. | [26]

Yossi Alpher, Consultor sobre cuestiones relacionadas con Israel, y co-editor de un sitio de Internet escribió en *Una paz tensa* en 2002:

— Es razonable suponer que dentro de 10 años como máximo, habrá un Estado palestino en casi todas los Bancos del Oeste y Gaza, con los Quds (Jerusalén oriental) como su capital. **Habrá firmado un Tratado de paz con Israel. Por 2025 todos los residuos de asentamientos israelíes construidos dentro de lo que se convierte en el territorio soberano de Palestina habrá desaparecido**. Y un amplio programa para el reasentamiento y la rehabilitación de los 1948 refugiados y sus descendientes estará bien en curso. | [27]

Aunque esto no sucedió en el momento como Alpher predijo, las condiciones están fructificas para el cumplimiento en un futuro próximo, especialmente con Macros y Trump con la intención de ver la paz en la región, y con dos soluciones estatales y un estado posible.

Juan, en Apocalipsis 13, pronostica los días de la bestia y el falso profeta, equiparados con el fin del tiempo ' profecías de Jesús y Daniel. Habla de una imagen hecha de la bestia:

— Y tenía poder para dar vida a la imagen de la bestia, para que la imagen de la bestia hablara, y causaría que todos los que no adoraran la imagen de la bestia fuesen asesinados.

— Y él causaría todos, pequeños y grandes, ricos y pobres, libres y de lazo, para recibir una marca en su mano derecha, o en sus frentes:

— Y que ningún hombre pueda comprar o vender, salvo el que tenía la marca, o el nombre de la bestia, o el número de su nombre.

— Aquí está la sabiduría. Que el que tiene entendimiento cuente el número de la bestia: porque es el número de un hombre; y su número es seiscientos sesenta y seis. ‖ 28

Mucha diferencia de creencia ha existido en cuanto a lo que el Marca de la Bestia ' podría ser, pero se ha convertido comúnmente aceptado entre los teólogos fundamentalistas que esta marca es una que puede ser leída por un escáner, y que es reconocida por un banco informático mundial. Los números de identificación han prevalecido en los Estados Unidos durante varias décadas a través del sistema de seguridad social. Ahora, las computadoras se utilizan para mantener un registro de todo y de todos. El robo de identidad y la piratería en línea son preocupaciones cada vez mayores en el siglo XXI en todo el mundo. Los dispositivos electrónicos han sido capaces de hablar durante muchos años. Excepto por quemadores, ' los teléfonos celulares ahora deben ser rastreables.

La Teoría del "Gran Hermano" (Big Brother) expuestos por George Orwell en su obra extraordinaria, *1984*, aunque no era posible entonces, es muy plausible ahora, y será seguro que será el orden del día en que — las computadoras tendrán más poder computacional que los cerebros humanos. ‖ 29

Según un artículo de Yohan John, pH. d., en *Forbes*, 2 de marzo de 2016, _ *¿Cuán poderoso es el cerebro humano comparado con un Computadora,* " que apareció por primera vez en línea en *Quora* Aunque de alguna manera nuestros cerebros siguen siendo superiores:

—... las computadoras son más poderosas que los seres humanos cuando se trata de ejecutar simple paso a paso instrucciones. ‖

2020 *podría* ciertamente ser el año en que vendrá la falsa paz. Cuando Jesús dijo — pero de aquel día y hora Sabe nadie, ni siquiera los Ángeles del cielo, ni el hijo, sino el padre, ‖ 30 no dijo que al final, no podíamos Discernir la cercanía del tiempo, ni que al final, Cuando las palabras del libro serían sin sellar, no podíamos tener conocimiento de la verdad.

— Pero tú, oh, Daniel, calla las palabras, y sella el libro, hasta el tiempo del fin: muchos correrán hacia uno y Otro, y los conocimientos serán aumentado. ‖ 31

Cuando se firma un Tratado de paz en todo el Oriente Medio, tenga cuidado. Como Pablo dijo a los Tesalonicenses, — porque cuando digan: paz y seguridad, entonces vendrá la destrucción repentina, sobre ellos, como dolores de parto sobre una mujer con hijo; y no deberán escaparse. ‖ 32

Pero hay esperanza. Los versículos siguientes leen:

— Pero vosotros, hermanos, no estáis en tinieblas, para que ese día os sobre tomen como ladrón. Sois hijos de luz, e hijos del día; no somos de la noche, ni de la oscuridad. por lo tanto, no nos deje dormir, como *hacen* otros, pero observemos y seamos sobrio. ‖

Imagina las implicaciones de las imágenes involucradas en la saga de **Yeshua Mesías, Jesús el rey**. ¿Sería difícil creer que nació el día de Expiación simbolizando su expiación por los pecados de la humanidad, crucificado en la Pascua, como el sacrificio final, y que él *incluso puede* regresar el día de Pentecostés, cuando el Reino eterno de Dios, del cual la iglesia es el tipo, comenzará, para nunca terminar?

Nuestra esperanza está en nuestra fe. Nuestra fe está en el conocimiento de la verdad.

Capítulo Uno

1. White Buffalo becerro mujer ha regresado artículo http://adishakti.org/prophecies/23_white_buffalo_cal f_ woman_has_returned. htm
2. Malaquías 4:1, II Pedro 3:7, 10
3. *Signos de Qiyamah*, Mohammed Ali Abu Zuhair Ali, servicio de libros islámicos, New Deli, India, 2000
4. Ibíd, número 1
5. Sitio web de la Corporación británica de radiodifusión; bbc.co.uk
6. *World Weekly News*, Nueva York, NY, U.S.A., 29 de julio, 1997
7. Armageddon en línea, www.armageddononline.org
8. La lanza sagrada (– lanza del destino I) y el poder para gobernar el mundo, K.C. Blau http://www.kcblau.com/holylance/
9. Ibíd.
10. La fecha Setters diario, Todd Strandberg, http://www.raptureready1.com/rr-date-setters.html
11. *El Talmud*, tratado Avodah Zarah, pág. 9.
12. Mateo 16:28
13. Marcos 9:1
14. Mateo 17:1-9, Marcos 9:2-10, Lucas 9:28
15. Mateo 17:1B-2

Capítulo Dos

1. Génesis 22:18
2. Génesis 17:21
3. Génesis 35:10-12
4. Números 24:37

5. Micah 5:2
6. Isaías 7:14
7. Malaquías 3:1
8. Salmo 118:26
9. Daniel 9:26
10. Zacarías 14
11. Haggai 2:7-9
12. Isaías 40:3
13. Malaquías 3:1
14. Daniel 9:24-26a, *Tanakh*, 1917 traducción
15. *Nelson's Diccionario Bíblico ilustrado*, p 380 ©1986, Thomas Nelson Publications, Nashville, TN, U.S.A.
16. Nehemías 2:1
17. *301 pruebas y profecías sorprendentes*, Pedro y Pablo la Londe, Prophecy Partners, Inc., Cataratas del Niágara, Ontario, Canadá, 1996
18. Zacarías 9:9
19. Salmo 41:9
20. Zacarías 11:12, 13
21. Isaías 50:6
22. Isaías 53:12
23. Isaías 53:5
24. Isaías 53:7
25. Salmo 22:18
26. Zacarías 9:9
27. Archivos: biblequestions.org, Iglesia de la calle Iglesia de Cristo (Church of Christ), Denver, CO, U.S.A.

Capítulo Tres

1. La traducción de Tanakh, 1917, Salmos 2:1-9
2. La traducción de Tanakh, 1917, Números 24:17
3. I Corinthians 2:14
4. Apocalipsis 5:5
5. Mateo 26:39

6. *Libro de los mártires de los zorros*, John Foxe, 1516-1585, traducción al inglés, John Day, Londres, Inglaterra, 1563
7. Juan 1:1
8. Juan 20:28
9. Juan 17:5
10. Mateo 28:18
11. Hebreos 1:3
12. Hebreos 1:8

Capítulo Cuatro

1. Daniel 12:11
2. Mateo 24:1-31

Capítulo Cinco

1. Isaías 55:8
2. *Diez Falso Mesías*, Wayne Simpson, Fundación de investigación bíblica, © 2000, permiso para copiar con copyright intacto (2007)
3. Ibíd, p 2.

Capítulo Seis

1. *El siglo de guerra*, Nexus-Martin Productions, Ltd., A&E Television Network, London, U. K, 1993

Capítulo Siete

1. *Escasez y pobre alivio en Irlanda del siglo XVIII, la crisis de subsistencia de 1782-" 84*, James Kelly, Estudios históricos irlandeses, Vol. 28, (109), 1992
2. *La gran calamidad* Christine Kinealy, Gill & Macmillan, Nueva York, NY, U.S.A., 1992
3. ArtUkraine.com

4. Kyodo World News Service: Dateline Kobe, Japón, 17 de enero de 2005 (servicio japonés independiente)
5. Olas asesinas, *National Journal*, Washington, DC, U.S.A., 29 de octubre de 2005
6. Kyodo World News Service: Dateline Beijing, China. 5 de enero de 2006
7. NBC Evening News, viernes 27 de enero de 2006
8. *Hechos para fallas: Katrina Impact (El Impacto de Katrina)* Allison Plyer, Publicado el 26 de agosto de 2016
https://www.datacenterresearch.org/dataresources/katrina/facts-for-impact/
9. CBS., ¿el calentamiento global está alimentando a los huracanes?
http://cbs.com/topstories/local_story_2405858
10. *La revista Economist,*
https://www.economist.com/middle-east-and-africa/2017/03/30/famine-menaces-20m-people-in-africa-and-yemen
11. Agence France Presse, París, Francia, 8 de octubre de 2005
12. CNN, domingo 9 de octubre, 2005
13. Artículo de Wikipedia, Pestilence (Pestilencia)
14. WebMD, preguntas más frecuentes acerca de la gripe aviar   https://www.webmd.com/cold-and-flu/flu-guide/what-know-about-bird-flu#1

Capítulo Nueve

1. Waco: la historia interior, PBS
2. Daniel 12:12
3. David Koresh aka Vernon Wayne Howell (1959-1993)
https://www.ancestry.com/boards/topics.obits/108575/mb.ashx
4. El veneno más fuerte, Mark Lane, PP 199-206, Hawthorn, Nueva York, NY, U.S.A., 1982

5. Newsweek Web exclusivo, *Se llama a sí mismo Dios*, 2007   https://www.newsweek.com/he-calls-himself-god-103137
6. ¿Nos estamos convirtiendo en una sociedad sin Dios? Editorial Dr. Creflo A. Dollar, © cambiadores del mundo de la iglesia internacional
7. www.godlesshouston.com

Capítulo Once

1. *Un carnaval de la revolución, Europa central, 1989*, P2, Kenney Padriac; Princeton University Press, Princeton, NJ, U.S.A., 2002
2. *Europa del este en el siglo XX y después*, R.J. Crampton, Routledge, Abington-on-Thames, Reino Unido, 1997
3. Traductores bíblicos de Wycliffe, Estados https://www.wycliffe.org.uk/about/our-impact/

Capítulo Doce

1. Mateo 24:15-18
2. *Enciclopedia Catolica*, Artículo Abominación de desolación
3. *New York Times*, Lander, Mark, Trump reconoce Jerusalén como Israel capital y pedidos U.S. Embassy to Move (Embajada a mudarse), 6 de diciembre de 2017
4. *New York Times*, Jeffress, Robert, pastor que dijo que los judíos van al infierno dirigió la oración en la Embajada de Jerusalén, el 14 de mayo de 2018.
5. Américas papel oculto en el ascenso al poder de Hamas, Stephen Zunes (2009, 2011) https://www.huffingtonpost.com/stephen-zunes/americas-hidden-role-in-h_b_155087.html
6. *El New York Times*, 16 de julio de 2006

7. *Fuerte's Concordancia exhaustiva de la Biblia*, Diccionario Griego del Nuevo Testamento, James Strong, S.T.D., L.L.D., Abingdon Press, Nueva York, NY, U.S.A, 1894, 1967
8. II Tesalonicenses 2:3,4
9. I Juan 2:18,22; I Juan 4:3; II Juan 1:7
10. I Juan 2:18
11. II Tesalonicenses 2:3
12. Apocalipsis 19:20
13. II Tesalonicenses 2:3,4
14. *Rompiendo noticias de Israel*: Grabar la muchedumbre en la recreación del sacrificio de Pascua. Adam Eliyahu Berkowitz https://www.breakingisraelnews.com/66076/passover-sacrifice-makes-comeback-overlooking-temple-mount-photos/

Capítulo Trece

1. Daniel 12:7
2. Apocalipsis 6:11
3. Génesis 41:15-22
4. Mateo 24:24
5. Daniel 12:11
6. Daniel 9:13
7. Apocalipsis 8:7-12
8. Mateo 24:22

Capítulo Catorce

1. *Santa sangre, Santo Grial*, © 1983; Baigent, Lincoln y Leigh; Corgi, Londres, Reino Unido, capítulo 12 y después.
2. *El legado mesiánico*, Baigent, Lincoln y Leigh, © 1986, Dell Publishing, Nueva York, NY, U.S.A.

3. *El Washington Post*, artículo, — documental muestra posible tumba de Jesús I, Karen Matthews; Washington, DC, U.S.A., 14 de marzo de 2007
4. Sitio web www.geocities.com/hiberi/
5. *El secreto más grande* David Icke, p 130; © 1999; Bridge of Love, Londres, Reino Unido.
6. Ibíd.
7. El viaje del hombre, una odisea genética, nacional Especial de televisión geográfica/PBS, Spencer Wells © 2002

Capítulo Quince

1. Mateo 24:34b
2. Mateo 24:35
3. Mateo 24:32-33
4. Salmo 89:10
5. *Un léxico griego del nuevo testamento*, W. F Arndt & F. W. Gingrich, p 153, Universidad de Chicago Press, Chicago, IL, U.S.A., 1957

Capítulo Dieciséis

1. Mateo 24:31
2. Mateo 24:29 (véase también Marcos 13:24, Lucas 21:25)
3. I Corinthians 15:52a,b
4. Mateo 24:29, 30a
5. Joel 2:31
6. Hechos 2:20
7. Apocalipsis 6:12-14
8. Mateo 24:27a
9. Hechos 2:16-19
10. Génesis 11:4-9
11. Reuters release (lanzamiento), jueves, 9 de noviembre de 2006
12. Zacarías 14:4

13. Marcos 16:19
14. Lucas 24:51
15. *El increíble pre-Tribunal Origen*, Dave Mac Pherson, La sociedad bíblica del corazón de América, U.S.A., ©1973
16. I Tesalonicenses 4:13a,b
17. I Tesalonicenses 15b
18. I Tesalonicenses 4:16-18, 5:1-4
19. II Tesalonicenses 2:1-3

Capítulo Diecisiete

1. Daniel 12:4
2. Mateo 24:7c
3. *Rex Deus*, p 286, Marilyn Hopkins, Tim Wallace Murphy, Graham Simmans; Element Books, Ltd., Shafresbury, Dorset, Reino Unido, © 2000
4. Ibíd, p 290.

Capítulo Dieciocho

1. *Prayers of Prophets, Knights and Kings*, p 136, Stanley J. St. Clair; Trafford Publishing Co., Victoria, Columbia Británica, Canadá, Canada, © 2006
2. Lucas 1:26,27
3. Bill Bonnett, www.abdocate.net/dates.aspx
4. Sigue la estrella, www.ibiblo.org/bgreek/archives
5. JewishEncyclopedia.com, article, Aravanel
6. *Historia del nuevo testamento*, Jack Kilmon www.historian.net/NTHX.html
7. *Los magos y la estrella* Simo Parpola; Sociedad de arqueología bíblica; Revisión bíblica, diciembre 2001, PP 16-23; 52 & 54
8. Convertidor de fecha hebreo, hebcal.com/converter

9. El caso de la crucifixión del jueves, Dr. Earnest L. Martin, Ph. D., © Puede 2001 www.askeim.com/n010501
10. Lucas 3:23a
11. Daniel 9:25b
12. Abdicate (Rnuncios)-fechas históricas para Jesucristo, www.abdocate.net/dates.aspx
13. *Las antigüedades de los judíos*, Libro 11, capítulo Una división dos; Josefo, primer siglo AD
14. Isaías 44:28
15. II Crónicas 36:21-23
16. Ezra 1:1-3
17. Ezra 4:21
18. *Keil y Delitzsch Los comentarios sobre el Antiguo Testamento*, Carl F. Keil, Franz Delitzsch, págs. 23, 24; alemán, Traducción al inglés, Edimburgo, Escocia, Reino Unido, 1866
19. Ezra 4:21
20. Mateo 12:39-42
21. Levítico 23:6
22. Estadísticas del calendario, www.abdocate.net/dates/aspx   Bill Bonnett
23. Vision 2020, Nueva Zelanda http://www.fishnet.co.nz/v2020/
24. *Rompiendo el verdadero eje del mal*, Mark Palmer, Rowman & Littlefield, Nueva York, NY, U.S.A., 2005
25. Teología de la diosa radical, http://godmotherascending.blogspot.com/2005/08/goddesspeace-timeline_05.html
26. Una opinión israelí, por qué una visión compartida es necesaria, Alouph Hareven, www.bitterlemons.org/previous/bl250302ed11.html
27. Una vista israelí, una paz tensa, Yossi Alpher www.bitterlemons.org/previous/bl250302ed11.html
28. Apocalipsis 13:15-18
1. *Revista de evolución y tecnología*, — Cuando Will

Predicciones de los profetas: ¿por qué no ha regresado Jesús?

29. La tecnología informática coincide con el ¿Cerebro? I
    Hans Moravec, 1998
30. Mateo 24:36
31. Daniel 12:4
32. I Tesalonicenses 5:3
33. I Tesalonicenses 5:4-6

NOTES

NOTES

Muy buenas, me llamo Maria, fui educada en un hogar bilingue desde pequenita. Mi padre era Asturiano de España my madre Cubana. Vivimos en Cuba hasta el 1960, con la subida de Castro nos vinimos para los Estados Unidos. Hicimos una vida muy bonita en EUA, a partir del 1970 nos mudamos a Madrid, España en donde estube matriculada en La Universidad Complutense de Madrid. Ayi aprendí la cultura Española, la literatura y desarrollé el idoma mas a fondo, tengo certificados de mis estudios Hispanos. Cuando terminé me puse a trabajar en Madrid sumergiendome en la cultura y el idioma, a cambio logré conseguir una experiencia magnifica.

www.ingramcontent.com/pod-product-compliance
Lightning Source LLC
Chambersburg PA
CBHW021934040426
42448CB00008B/1064